LE
JUIF ERRANT

PAR

M. EUGÈNE SÜE

Tome Deuxième

PARIS
PAULIN, ÉDITEUR
RUE RICHELIEU, 60
1844

LE
JUIF ERRANT.

PARIS. IMPRIMÉ PAR BÉTHUNE ET PLON,
RUE DE VAUGIRARD, 36

LE
JUIF ERRANT

PAR

M. EUGÈNE SÜE.

TOME DEUXIÈME

PARIS
PAULIN, ÉDITEUR
RUE RICHELIEU, 60

1844

LE JUIF ERRANT.

DEUXIÈME PARTIE.

LES ÉTRANGLEURS.

CHAPITRE PREMIER.

L'AJOUPA.

Pendant que M. Rodin expédiait sa correspondance cosmopolite... du fond de la rue du Milieu des Ursins, à Paris; pendant que les filles du général Simon, après avoir quitté en fugitives l'auberge du Faucon-Blanc, étaient retenues prisonnières à Leipsick avec Dagobert, d'autres scènes intéressant vivement ces diffé rents personnages se passaient pour ainsi dire parallèlement et à la même époque... à l'extrémité du monde, au fond de l'Asie, à l'île de Java, non loin de la ville de Batavia, résidence de M. Josué Van-Daël, l'un des correspondants de M. Rodin.

Java!! contrée magnifique et sinistre, où les plus admirables fleurs cachent de hideux reptiles, où les fruits les plus éclatants renferment des poisons subtils, où croissent des arbres splendides dont l'ombrage tue; où le vampire, chauve-souris gigantesque, pompe le sang des victimes dont elle prolonge le sommeil, en les entourant d'un air frais et parfumé; car l'éventail le plus agile n'est pas plus rapide que le battement des grandes ailes musquées de ce monstre.

Le mois d'octobre 1831 touche à sa fin.

Il est midi, heure presque mortelle pour qui affronte ce soleil torréfiant, qui répand sur le ciel d'un bleu d'émail foncé des nappes de lumière ardente.

Un *ajoupa*, sorte de pavillon de repos, fait de nattes de jonc étendues sur de gros bambous profondément enfoncés dans le sol, s'élève au milieu de l'ombre bleuâtre, projetée par un massif d'arbres d'une verdure aussi étincelante que de la porcelaine verte ; ces arbres, de formes bizarres, sont ici arrondis en arcades, là élancés en flèches, plus loin ombellés en parasols, mais si feuillus, si épais, si enchevêtrés les uns dans les autres, que leur dôme est impénétrable à la pluie.

Le sol toujours marécageux, malgré cette chaleur infernale, disparaît sous un inextricable amas de lianes, de fougères, de joncs touffus, d'une fraîcheur, d'une vigueur de végétation incroyable, et qui atteignent presqu'au toit de l'ajoupa caché là, ainsi qu'un nid dans l'herbe.

Rien de plus suffocant que cette atmosphère pesamment chargée d'exhalaisons humides comme la vapeur de l'eau chaude, et imprégnée des parfums les plus violents, les plus âcres, car le cannellier, le gingembre, le stéphanotis, le gardénia, mêlés à ces arbres et à ces lianes, répandent par bouffées leur arome pénétrant.

Un toit de larges feuilles de bananier recouvre cette cabane : à l'une des extrémités est une ouverture carrée servant de fenêtre et grillagée très-finement avec des fibres végétales, afin d'empêcher les reptiles et les insectes venimeux de se glisser dans l'ajoupa.

Un énorme tronc d'arbre mort, encore debout mais très-incliné, et dont le faîte touche le toit de l'ajoupa, sort du milieu du taillis; de chaque gerçure de son écorce, noire, rugueuse, moussue, jaillit une fleur étrange, presque fantastique; l'aile d'un papillon n'est pas d'un tissu plus léger, d'un pourpre plus éclatant, d'un noir plus velouté : ces oiseaux inconnus que l'on voit en rêve n'ont pas de formes aussi bizarres que ces orchys, fleurs ailées qui semblent toujours prêtes à s'envoler de leurs tiges frêles et sans feuilles; de longs cactus flexibles et arrondis, que l'on prendrait pour des reptiles, enroulent aussi ce tronc d'arbre, et y suspendent leurs sarments verts chargés de larges corymbes d'un blanc d'argent nuancé à l'intérieur d'un vif orange : ces fleurs répandent une violente odeur de vanille.

Un petit serpent d'un rouge brique, gros comme une forte plume et long de cinq à six pouces, sort à demi sa tête plate de l'un de ces énormes calices parfumés, où il est blotti et lové...

Au fond de l'ajoupa, un jeune homme, étendu sur une natte, est profondément endormi.

A voir son teint d'un jaune diaphane et doré, on dirait une statue de cuivre pâle sur laquelle se joue un rayon de soleil; sa pose est simple et gracieuse; son bras droit replié soutient sa tête, un peu élevée et tournée de profil; sa large robe de mousseline blanche à manches flottantes, laisse voir sa poitrine et ses bras, dignes d'Antinoüs; le marbre n'est ni plus ferme, ni plus poli que sa peau, dont la nuance dorée contraste vivement avec la blancheur de ses vêtements. Sur sa poitrine large et saillante, on voit une profonde cicatrice.... Il a reçu ce coup de feu en défendant la vie du général Simon, du père de Rose et de Blanche.

Il porte au cou une petite médaille, pareille à celle que portent les deux sœurs.

Cet Indien est Djalma.

Ses traits sont à la fois d'une grande noblesse et d'une beauté charmante; ses cheveux d'un noir bleu, séparés sur son front, tombent souples, mais non bouclés, sur ses épaules ; ses sourcils, hardiment et finement dessinés, sont d'un noir aussi foncé que ses longs cils dont l'ombre se projette sur ses joues imberbes ; ses lèvres d'un rouge vif, légèrement entr'ouvertes, exhalent un souffle oppressé ; son sommeil est lourd, pénible, car la chaleur devient de plus en plus suffocante.

Au dehors, le silence est profond. Il n'y a pas le plus léger souffle de brise.

Cependant, au bout de quelques minutes, les fougères énormes qui couvrent le sol commencent à s'agiter, presque imperceptiblement, comme si un corps rampant avec lenteur ébranlait la base de leurs tiges.

De temps à autre, cette faible oscillation cessait brusquement ; tout redevenait immobile.

Après plusieurs de ces alternatives de bruissement et de profond silence, une tête humaine apparut au milieu des joncs, à peu de distance du tronc de l'arbre mort.

Cet homme, d'une figure sinistre, avait le

teint couleur de bronze verdâtre, de longs
cheveux noirs tressés autour de sa tête, des
yeux brillants d'un éclat sauvage, et une physionomie remarquablement intelligente et
féroce. Suspendant son souffle, il demeura
un moment immobile; puis, s'avançant sur
les mains et sur les genoux, en écartant si
doucement les feuilles, qu'on n'entendait pas
le plus petit bruit, il atteignit aussi avec pru-
dence et lenteur le tronc incliné de l'arbre
mort dont le faîte touchait presque au toit
de l'ajoupa.

Cet homme, Malais d'origine et appartenant à la secte des Étrangleurs, après avoir
écouté de nouveau, sortit presque entièrement des broussailles ; sauf une espèce de caleçon de coton blanc serré à sa taille par une
ceinture bariolée de couleurs tranchantes, il
était entièrement nu ; une épaisse couche
d'huile enduisait ses membres bronzés, souples et nerveux.

S'allongeant sur l'énorme tronc du côté
opposé à la cabane, et ainsi masqué par le volume de cet arbre entouré de lianes, il commença d'y grimper, d'y ramper silencieuse-

ment, avec autant de patience que de précaution. Dans l'ondulation de son échine, dans la flexibilité de ses mouvements, dans sa vigueur contenue, dont la détente devait être terrible, il y avait quelque chose de la sourde et perfide allure du tigre guettant sa proie.

Atteignant ainsi, complétement inaperçu, la partie déclive de l'arbre, qui touchait presque au toit de la cabane, il ne fut plus séparé que par une distance d'un pied environ de la petite fenêtre. Alors il avança prudemment la tête, et plongea son regard dans l'intérieur de la cabane, afin de trouver le moyen de s'y introduire.

A la vue de Djalma profondément endormi, les yeux brillants de l'Étrangleur redoublèrent d'éclat ; une contraction nerveuse ou plutôt de rire muet et farouche bridant les deux coins de sa bouche, les attira vers les pommettes et découvrit deux rangées de dents limées triangulairement comme une lame de scie, et teintes d'un noir luisant.

Djalma était couché de telle sorte, et si près de la porte de l'ajoupa (elle s'ouvrait de dehors en dedans), que si l'on eût tenté de l'entre-bâiller, il aurait été réveillé à l'instant même.

L'Étrangleur, le corps toujours caché par l'arbre, voulant examiner plus attentivement l'intérieur de la cabane, se pencha davantage, et pour se donner un point d'appui, posa légèrement sa main sur le rebord de l'ouverture qui servait de fenêtre; ce mouvement ébranla la grande fleur du cactus, au fond de laquelle était lové le petit serpent; il s'élança et s'enroula rapidement autour du poignet de l'Étrangleur.

Soit douleur, soit surprise, celui-ci jeta un léger cri... mais en se retirant brusquement en arrière, toujours cramponné au tronc d'arbre, il s'aperçut que Djalma avait fait un mouvement...

En effet, le jeune Indien, conservant sa pose nonchalante, ouvrit à demi les yeux, tourna la tête du côté de la petite fenêtre, et une aspiration profonde souleva sa poitrine, car la chaleur concentrée sous cette épaisse voûte de verdure humide était intolérable.

A peine Djalma eut-il remué, qu'à l'instant retentit derrière l'arbre ce glapissement bref, sonore, aigu, que jette l'oiseau de paradis lorsqu'il prend son vol, cri à peu près semblable à celui du faisan...

Ce cri se répéta bientôt, mais en s'affaiblissant, comme si le brillant oiseau se fût éloigné Djalma, croyant savoir la cause du bruit qui l'avait un instant éveillé, étendit légèrement le bras sur lequel reposait sa tête, et se rendormit sans presque changer de position.

Pendant quelques minutes, le plus profond silence régna de nouveau dans cette solitude; tout resta immobile.

L'Étrangleur, par son habile imitation du cri d'un oiseau, venait de réparer l'imprudente exclamation de surprise et de douleur, que lui avait arrachée la piqûre du reptile. Lorsqu'il supposa Djalma rendormi, il avança la tête, et vit en effet le jeune Indien replongé dans le sommeil.

Descendant alors de l'arbre avec les mêmes précautions, quoique sa main gauche fût assez gonflée par suite de la morsure du serpent, il disparut dans les joncs.

A ce moment, un chant lointain, d'une cadence monotone et mélancolique, se fit entendre.

L'Étrangleur se redressa, écouta attentivement, et sa figure prit une expression de surprise et de courroux sinistre.

Le chant se rapprocha de plus en plus de la cabane.

Au bout de quelques secondes, un Indien, traversant une clairière, se dirigea vers l'endroit où se tenait caché l'Étrangleur.

Celui-ci prit alors une corde longue et mince qui ceignait ses reins; l'une de ses extrémités était armée d'une balle de plomb, de la forme et du volume d'un œuf; après avoir attaché l'autre bout de ce lacet à son poignet droit, l'Étrangleur prêta de nouveau l'oreille et disparut en rampant au milieu des grandes herbes dans la direction de l'Indien, qui s'avançait lentement sans interrompre son chant plaintif et doux.

C'était un jeune garçon de vingt ans à peine, esclave de Djalma; il avait le teint bronzé; une ceinture bariolée serrait sa robe de coton bleu; il portait un petit turban rouge et des anneaux d'argent aux oreilles et aux poignets....

Il apportait un message à son maître, qui, durant la grande chaleur du jour, se reposait dans cet ajoupa, situé à une assez grande distance de la maison qu'il habitait.

Arrivant à un endroit où l'allée se bifurquait, l'esclave prit sans hésiter le sentier qui conduisait à la cabane... dont il se trouvait alors à peine éloigné de quarante pas...

Un de ces énormes papillons de Java, dont les ailes étendues ont six à huit pouces de long et offrent deux raies d'or verticales sur un fond d'outre-mer, voltigea de feuille en feuille et vint s'abattre et se fixer sur un buisson de gardénias odorants à portée du jeune Indien.

Celui-ci suspendit son chant, s'arrêta, avança prudemment le pied, puis la main.... et saisit le papillon.

Tout à coup l'esclave voit la sinistre figure de l'Étrangleur se dresser devant lui... il entend un sifflement pareil à celui d'une fronde, il sent une corde lancée avec autant de rapidité que de force entourer son cou d'un triple nœud, et presqu'aussitôt le plomb dont elle est armée le frappe violemment derrière le crâne.

Cette attaque fut si brusque, si imprévue, que le serviteur de Djalma ne put pousser un seul cri, un seul gémissement.

Il chancela... l'Étrangleur donna une vigoureuse secousse au lacet... la figure bronzée de l'esclave devint d'un noir pourpré, et il tomba sur ses genoux en agitant les bras...

L'Étrangleur le renversa tout à fait... serra si violemment la corde, que le sang jaillit de la peau... La victime fit quelques derniers mouvements convulsifs, et puis ce fut tout....

Pendant cette rapide mais terrible agonie, le meurtrier, agenouillé devant sa victime, épiant ses moindres convulsions, attachant sur elle des yeux fixes, ardents, semblait plongé dans l'extase d'une jouissance féroce... ses narines se dilataient, les veines de ses tempes, de son cou se gonflaient, et ce même rictus sinistre, qui avait retroussé ses lèvres à l'aspect de Djalma endormi, montrait ses dents noires et aiguës, qu'un tremblement nerveux des mâchoires heurtait l'une contre l'autre.

Mais bientôt il croisa ses bras sur sa poitrine haletante, courba le front, en murmurant des paroles mystérieuses, ressemblant à une invocation ou à une prière... Et il retomba dans la contemplation farouche que lui inspirait l'aspect du cadavre...

La hyène et le chat-tigre, qui, avant de la dévorer, s'accroupissent auprès de la proie qu'ils ont surprise ou chassée, n'ont pas un regard plus fauve, plus sanglant, que ne l'était celui de cet homme...

Mais se souvenant que sa tâche n'était pas accomplie, s'arrachant à regret de ce funèbre spectacle, il détacha son lacet du col de la victime, enroula cette corde autour de lui, traîna le cadavre hors du sentier, et, sans chercher à le dépouiller de ses anneaux d'argent, cacha le corps sous une épaisse touffe de joncs.

Puis l'Étrangleur, se remettant à ramper sur le ventre et sur les genoux, arriva jusqu'à la cabane de Djalma, cabane construite en nattes attachées sur des bambous.

Après avoir attentivement prêté l'oreille, il tira de sa ceinture un couteau dont la lame, tranchante et aiguë, était enveloppée d'une feuille de bananier, et pratiqua dans la natte une incision de trois pieds de longueur; ceci fut fait avec tant de prestesse et avec une lame si parfaitement affilée, que le léger grincement du diamant sur la vitre eût été plus bruyant...

Voyant par cette ouverture, qui devait lui servir de passage, Djalma toujours profondément endormi, l'Étrangleur se glissa dans la cabane avec une incroyable témérité.

CHAPITRE II.

LE TATOUAGE.

Le ciel, jusqu'alors d'un bleu transparent, devint peu à peu d'un ton glauque, et le soleil se voila d'une vapeur rougeâtre et sinistre.

Cette lumière étrange donnait à tous les objets des reflets bizarres; on pourrait en avoir une idée en imaginant l'aspect d'un paysage que l'on regarderait à travers un vitrail couvert de cuivre.

Dans ces climats, ce phénomène, joint au redoublement d'une chaleur torride, annonce toujours l'approche d'un orage.

On sentait de temps à autre une fugitive odeur sulfureuse... Alors les feuilles, légèrement agitées par des courants électriques, frissonnaient sur leurs tiges... puis tout retombait dans un silence, dans une immobilité mornes.

La pesanteur de cette atmosphère brûlante, saturée d'âcres parfums, devenait presque intolérable; de grosses gouttes de sueur perlaient le front de Djalma, toujours plongé dans un sommeil énervant... Pour lui, ce n'était plus du repos, c'était un accablement pénible.

L'Étrangleur se glissa comme un reptile le long des parois de l'ajoupa, et en rampant à plat-ventre arriva jusqu'à la natte de Djalma, auprès duquel il se blottit d'abord en s'aplatissant, afin d'occuper le moins de place possible.

Alors commença une scène effrayante, en raison du mystère et du profond silence qui l'entouraient.

La vie de Djalma était à la merci de l'Étrangleur...

Celui-ci, ramassé sur lui-même, appuyé sur ses mains et sur ses genoux, le cou tendu, la prunelle fixe, dilatée, restait immobile comme une bête féroce en arrêt... Un léger tremblement convulsif des mâchoires agitait seul son masque de bronze.

Mais bientôt ses traits hideux révélèrent la lutte violente qui se passait dans son âme, entre la soif... la jouissance du meurtre que le récent assassinat de l'esclave venait encore de surexciter... et l'ordre qu'il avait reçu de ne pas attenter aux jours de Djalma, quoique le motif qui l'amenait dans l'ajoupa fût peut-être pour le jeune Indien plus redoutable que la mort même...

Par deux fois l'Étrangleur, dont le regard s'enflammait de férocité, ne s'appuyant plus que sur sa main gauche, porta vivement la droite à l'extrémité de son lacet...

Mais par deux fois sa main l'abandonna... l'instinct du meurtre céda devant une volonté toute puissante dont le Malais subissait l'irrésistible empire.

Il fallait que sa rage homicide fût poussée jusqu'à la folie, car dans ces hésitations il perdait un temps précieux... D'un moment à l'autre, Djalma, dont la vigueur, l'adresse et le courage étaient connus et redoutés, pouvait se réveiller... Et quoiqu'il fût sans armes, il eût été pour l'Étrangleur un terrible adversaire.

Enfin celui-ci se résigna... il comprima un profond soupir de regret, et se mit en devoir d'accomplir sa tâche...

Cette tâche eût paru impossible à tout autre...

Qu'on en juge...

Djalma, le visage tourné vers la gauche, appuyait sa tête sur son bras plié; il fallait d'abord, sans le réveiller, le forcer de tourner sa figure vers la droite, c'est-à-dire vers la porte, afin que, dans le cas où il s'éveillerait à demi, son regard ne pût tomber sur l'Étrangleur. Celui-ci, pour accomplir ses projets, devait rester plusieurs minutes dans la cabane.

Le ciel blanchit de plus en plus...

La chaleur arrivait à son dernier degré d'intensité; tout concourait à jeter Djalma dans la torpeur et à favoriser les desseins de l'Étrangleur... S'agenouillant alors près de Djalma, il commença, du bout de ses doigts souples et frottés d'huile, d'effleurer le front, les tempes et les paupières du jeune Indien, mais avec une si extrême délicatesse, que le contact des deux épidermes était à peine sensible...

Après quelques secondes de cette espèce d'incantation magnétique, la sueur qui baignait le front de Djalma devint plus abondante; il poussa un soupir étouffé, puis, deux ou trois fois, les muscles de son visage tressaillirent, car ces attouchements, trop légers pour l'éveiller, lui causaient pourtant un sentiment de malaise indéfinissable...

Le couvant d'un œil inquiet, ardent, l'Étrangleur continua sa manœuvre avec tant de patience, tant de dextérité, que Djalma, toujours endormi, mais ne pouvant supporter davantage cette sensation vague et cependant agaçante, dont il ne se rendait pas compte, porta machinalement sa main droite à sa figure, comme s'il eût voulu se débarrasser du frôlement importun d'un insecte...

Mais la force lui manqua; presque aussitôt sa main inerte et appesantie retomba sur sa poitrine...

Voyant, à ce symptôme, qu'il touchait au but désiré, l'Étrangleur réitéra ses attouchements sur les paupières, sur le front, sur les tempes avec la même adresse...

Alors Djalma, de plus en plus accablé, anéanti sous une lourde somnolence, n'ayant pas sans doute la force ou la volonté de porter sa main à son visage, détourna machinalement sa tête qui retomba languissante sur son épaule droite, cherchant, par ce changement d'attitude, à se soustraire à l'impression désagréable qui le poursuivait.

Ce premier résultat obtenu, l'Étrangleur put agir librement.

Voulant rendre alors aussi profond que possible le sommeil qu'il venait d'interrompre à demi, il tâcha d'imiter le vampire, et, simulant le jeu d'un éventail, il agita rapidement ses deux mains étendues autour du visage brûlant du jeune Indien...

A cette sensation de fraîcheur inattendue et si délicieuse au milieu d'une chaleur suffocante, les traits de Djalma s'épanouirent machinalement; sa poitrine se dilata, ses lèvres entr'ouvertes aspirèrent cette brise bienfaisante, et il tomba dans un sommeil d'autant plus invincible, qu'il avait été contrarié, et qu'il s'y livrait alors sous l'influence d'une sensation de bien-être.

Un rapide éclair illumina de sa lueur flamboyante la voûte ombreuse qui abritait l'ajoupa; craignant qu'au premier coup de tonnerre le jeune Indien ne s'éveillât brusquement, l'Étrangleur se hâta d'accomplir son projet.

Djalma, couché sur le dos, avait la tête penchée sur son épaule droite et son bras gauche étendu; l'Étrangleur, blotti à sa gauche, cessa peu à peu de l'éventer; puis il parvint à relever, avec une incroyable dextérité, jusqu'à la saignée, la large et longue manche de mousseline blanche qui cachait le bras gauche de Djalma.

Tirant alors de la poche de son caleçon une petite boîte de cuivre, il y prit une aiguille d'une finesse, d'une acuité extraordinaires, et un tronçon de racine noirâtre.

Il piqua plusieurs fois cette racine avec l'aiguille. A chaque piqûre, il en sortait une liqueur blanche et visqueuse.

Lorsque l'Étrangleur crut l'aiguille suffisamment imprégnée de ce suc, il se courba et souffla doucement sur la partie interne du bras de Djalma, afin d'y causer une nouvelle sensation de fraîcheur; alors, à l'aide de son aiguille, il traça presqu'imperceptiblement, sur la peau du jeune homme endormi, quelques signes mystérieux et symboliques.

Ceci fut exécuté avec tant de prestesse, la pointe de l'aiguille était si fine, si acérée, que Djalma ne ressentit pas la légère érosion qui effleura son épiderme.

Bientôt les signes que l'Étrangleur venait de tracer apparurent d'abord en traits d'un rose pâle à peine sensible, et aussi déliés qu'un cheveu; mais telle était la puissance corrosive et lente du suc dont l'aiguille était imprégnée, qu'en s'infiltrant et s'extravasant peu à peu sous la peau, il devait au bout de quelques heures devenir d'un rouge violet, et rendre ainsi très-apparents ces caractères alors presque invisibles.

L'Étrangleur, après avoir si heureusement accompli son projet, jeta un dernier regard de féroce convoitise sur l'Indien endormi...

Puis, s'éloignant de la natte en rampant, il regagna l'ouverture par laquelle il s'était introduit dans la cabane, rejoignit hermétiquement les deux lèvres de cette incision, afin d'ôter tout soupçon, et disparut au moment où le tonnerre commençait à gronder sourdement dans le lointain (1).

(1) On lit dans les lettres de feu Victor Jacquemont sur l'Inde, à propos de l'incroyable dextérité de ces hommes :

« Ils rampent à terre dans les fossés, dans les sillons des champs, imitent cent voix diverses, réparent, en jetant le cri d'un jackal ou d'un oiseau, un mouvement maladroit qui aura causé quelque bruit, puis se taisent, et un autre à quelque distance imite le glapissement de l'animal dans le lointain. Ils tourmentent le sommeil par des bruits, des attouchements, et font prendre au corps et à tous les membres la position qui convient à leur dessein. »

M. le comte Édouard de Warren, dans son excellent ouvrage sur l'Inde anglaise, que nous aurons encore l'occasion de citer, s'exprime de la même manière sur l'inconcevable adresse des Indiens :

« Ils vont, dit il, jusqu'à vous dépouiller sans interrompre votre sommeil, du drap même dont vous dormez enveloppé ; ceci n'est point une plaisanterie, mais un fait. Les mouvements du *bheel* sont ceux d'un serpent : dormez-vous dans votre tente avec un domestique couché en travers de chaque porte, le *bheel* viendra s'accroupir en dehors, à l'ombre et dans un coin, où il pourra entendre la respiration de chacun. Dès que l'Européen s'endort, il est sûr de son fait ; l'Asiatique ne résistera pas long-temps à l'attrait du sommeil. Le moment venu, il fait, à l'endroit même où il se trouve, une coupure verticale dans la toile de la tente ; elle lui suffit pour s'introduire. Il passe comme un fantôme sans faire crier le moindre grain de sable. Il est parfaitement nu, et tout son corps est huilé ; un couteau-poignard est suspendu à son cou. Il se blottira près de votre couche et avec un sang-froid et une dextérité incroyables pliera le drap en très-petits plis tout près du corps, de manière à occuper la moindre surface possible ; cela fait, il passe de l'autre côté et chatouille légèrement le dormeur, qu'il semble magnétiser, de manière qu'il se retire instinctivement et finit par se retourner en laissant le drap plié derrière lui ; s'il se réveille et qu'il veuille saisir le voleur, il trouve un corps glissant qui lui échappe comme une anguille ; si pourtant il parvient à le saisir, malheur à lui, le poignard le frappe au cœur ; il tombe baigné dans son sang, et l'assassin disparaît. »

CHAPITRE III.

LE CONTREBANDIER.

L'orage du matin a depuis long-temps cessé.

Le soleil est à son déclin ; quelques heures se sont écoulées depuis que l'Étrangleur s'est introduit dans la cabane de Djalma et l'a tatoué d'un signe mystérieux pendant son sommeil.

Un cavalier s'avance rapidement au milieu d'une longue avenue bordée d'arbres touffus.

Abrités sous cette épaisse voûte de verdure, mille oiseaux saluaient par leurs gazouillements et par leurs jeux cette resplendissante soirée ; des perroquets verts et rouges grimpaient à l'aide de leur bec crochu à la cime des acacias roses ; des maïna-maïnou, gros oiseaux d'un bleu lapis, dont la gorge et la longue queue ont des reflets d'or bruni, poursuivaient les loriots-princes d'un noir de velours nuancé d'orange; les colombes de Kolo, d'un violet irisé, faisaient entendre leur doux roucoulement à côté d'oiseaux de paradis dont le plumage étincelant réunissait l'éclat prismatique de l'émeraude et du rubis, de la topaze et du saphir.

Cette allée, un peu exhaussée, dominait un petit étang où se projetait, çà et là, l'ombre verte des tamarins et des nopals; l'eau, calme, limpide, laissait voir, comme incrustés dans une masse de cristal bleuâtre, tant ils sont immobiles, des poissons d'argent aux nageoires de pourpre, d'autres d'azur aux nageoires vermeilles; tous, sans mouvement à la surface de l'eau, où miroitait un éblouissant rayon de soleil, se plaisaient à se sentir inondés de lumière et de chaleur; mille insectes, pierreries vivantes, aux ailes de feu, glissaient, voletaient, bourdonnaient sur cette onde transparente où se reflétaient à une profondeur extraordinaire les nuances diaprées des feuilles et des fleurs aquatiques du rivage.

Il est impossible de rendre l'aspect de cette nature exubérante, luxuriante de couleurs, de parfums, de soleil, et servant pour ainsi dire de cadre au jeune et brillant cavalier qui arrivait du fond de l'avenue.

C'est Djalma.

Il ne s'est pas aperçu que l'Étrangleur lui a tracé sur le bras gauche certains signes ineffaçables.

Sa cavale javanaise, de taille moyenne, remplie de vigueur et de feu, est noire comme la nuit; un étroit tapis rouge remplace la selle. Pour modérer les bonds impétueux de sa jument, Djalma se sert d'un petit mors d'acier dont la bride et les rênes tressées de soie écarlate sont légères comme un fil.

Nul de ces admirables cavaliers si magistralement sculptés sur la frise du Parthénon n'est à la fois plus gracieusement et plus fièrement à cheval que ce jeune Indien, dont le beau visage, éclairé par le soleil couchant, rayonne de bonheur et de sérénité; ses yeux brillent de joie; les narines dilatées, les lèvres entr'ouvertes, il aspire avec délices la brise embaumée du parfum des fleurs et de la senteur de la feuillée, car les arbres sont encore humides de l'abondante pluie qui a succédé à l'orage.

Un bonnet incarnat assez semblable à la coiffure grecque, posé sur les cheveux noirs de Djalma, fait encore ressortir la nuance dorée de son teint; son cou est nu, il est vêtu de sa robe de mousseline blanche à larges manches, serrée à la taille par une ceinture écarlate; un caleçon très-ample, en tissu blanc, laisse voir la moitié de ses jambes nues, fauves et polies; leur galbe, d'une pureté antique, se dessine sur les flancs noirs de sa cavale, que Djalma presse légèrement de son mollet nerveux; il n'a pas d'étriers; son pied, petit et étroit, est chaussé d'une sandale de maroquin rouge.

La fougue de ses pensées, tour à tour impétueuses et contenues, s'exprimait pour ainsi dire par l'allure qu'il imposait à sa cavale : allure tantôt hardie, précipitée, comme l'imagination qui s'emporte sans frein; tantôt calme, mesurée, comme la réflexion qui succède à une folle vision.

Dans cette course bizarre, ses moindres

mouvements étaient remplis d'une grâce fière, indépendante et un peu sauvage.

Djalma, dépossédé du territoire paternel par les Anglais, et d'abord incarcéré par eux comme prisonnier d'état après la mort de son père tué les armes à la main (ainsi que M. Josué Van-Daël l'avait écrit de Batavia à M. Rodin), a été ensuite mis en liberté.

Abandonnant alors l'Inde continentale, accompagné du général Simon, qui n'avait pas quitté les abords de la prison du fils de son ancien ami, le roi Kadja-Sing, le jeune Indien est venu à Batavia, lieu de naissance de sa mère, pour y recueillir le modeste héritage de ses aïeux maternels.

Dans cet héritage si long-temps dédaigné ou oublié par son père, se sont trouvés des papiers importants et la médaille, en tout semblable à celles que portent Rose et Blanche.

Le général Simon, aussi surpris que charmé de cette découverte, qui non-seulement établissait un lien de parenté entre sa femme et la mère de Djalma, mais qui semblait promettre à ce dernier de grands avantages à venir; le général Simon, laissant Djalma à Batavia pour y terminer quelques affaires, est parti pour Sumatra, île voisine : on lui a fait espérer d'y trouver un bâtiment qui allât directement et rapidement en Europe; car, dès lors, il fallait qu'à tout prix le jeune Indien fût aussi à Paris le 13 février 1832. Si, en effet, le général Simon trouvait un vaisseau prêt à partir pour l'Europe, il devait revenir aussitôt chercher Djalma; ce dernier, attendant donc d'un jour à l'autre ce retour, se rendait sur la jetée de Batavia, dans l'espérance de voir arriver le père de Rose et Blanche par le paquebot de Sumatra.

Quelques mots de l'enfance et de la jeunesse du fils de Kadja-Sing sont nécessaires.

Ayant perdu sa mère de très-bonne heure, simplement et rudement élevé, enfant, il avait accompagné son père à ces grandes chasses aux tigres, aussi dangereuses que des batailles; à peine adolescent, il l'avait suivi à la guerre pour défendre son territoire... dure et sanglante guerre...

Ayant ainsi vécu, depuis la mort de sa mère, au milieu des forêts et des montagnes paternelles, où, au milieu de combats incessants, cette nature vigoureuse et ingénue s'était conservée pure et vierge, jamais le surnom de *généreux* qu'on lui avait donné ne fut mieux mérité. Prince, il était véritablement prince, chose rare... et durant le temps de sa captivité, il avait souverainement imposé à ses geôliers anglais par sa dignité silencieuse. Jamais un reproche, jamais une plainte ; un calme fier et mélancolique... c'est tout ce qu'il avait opposé à un traitement aussi injuste que barbare, jusqu'à ce qu'il fût mis en liberté.

Habitué jusqu'alors à l'existence patriarcale ou guerrière des montagnards de son pays, qu'il avait quittés pour passer quelques mois en prison, Djalma ne connaissait pour ainsi dire rien de la vie civilisée.

Mais sans avoir positivement les défauts de ses qualités, Djalma en poussait du moins les conséquences à l'extrême : d'une opiniâtreté inflexible dans la foi jurée, dévoué à la mort, confiant jusqu'à l'aveuglement, bon jusqu'au plus complet oubli de soi, il eût été inflexible pour qui se fût montré envers lui, ingrat, menteur ou perfide. Enfin, il eût fait bon marché de la vie d'un traître ou d'un parjure, parce qu'il aurait trouvé juste, s'il avait commis une trahison ou un parjure, de les payer de sa vie.

C'était, en un mot, l'homme des sentiments entiers, absolus. Et un tel homme aux prises avec les tempéraments, les calculs, les faussetés, les déceptions, les ruses, les restrictions, les faux semblants d'une société très-raffinée, celle de Paris, par exemple, serait sans doute un très-curieux sujet d'étude.

Nous soulevons cette hypothèse, parce que, depuis que son voyage de France était résolu, Djalma n'avait qu'une pensée fixe, ardente... *Être à Paris.*

A Paris... cette ville féerique dont, en Asie même, ce pays féerique, on faisait tant de merveilleux récits.

Ce qui surtout enflammait l'imagination vierge et brûlante du jeune Indien, c'étaient les femmes françaises... ces Parisiennes si belles, si séduisantes, ces merveilles d'élégance, de grâce et de charmes, qui éclipsaient, disait-on, les magnificences de la capitale du monde civilisé.

A ce moment même, par cette soirée splendide et chaude, entourée de fleurs et de parfums enivrants qui accéléraient encore les battements de ce cœur ardent et jeune, Djalma songeait à ces créatures enchanteresses qu'il se plaisait à revêtir des formes les plus idéales.

Il lui semblait voir à l'extrémité de l'allée, au milieu de la nappe de lumière dorée que les arbres entouraient de leur plein-cintre de verdure; il lui semblait voir passer et repasser, blancs et sveltes sur ce fond vermeil, d'adorables et voluptueux fantômes qui, souriant, lui jetaient des baisers du bout de leurs doigts roses

Alors, ne pouvant plus contenir les brûlantes émotions qui l'agitaient depuis quelques minutes, emporté par une exaltation étrange, Djalma, poussant tout à coup quelques cris de joie mâle, profonde, d'une sonorité sauvage, fit en même temps bondir sous lui sa vigoureuse jument, avec une folle ivresse...

Un vif rayon de soleil, perçant la sombre voûte de l'allée, l'éclairait alors tout entier.

Depuis quelques instants, un homme s'avançait rapidement dans un sentier qui, à son extrémité, coupait diagonalement l'avenue où se trouvait Djalma.

Cet homme s'arrêta un moment dans l'ombre, contemplant Djalma avec étonnement.

C'était en effet quelque chose de charmant à voir au milieu d'une éblouissante auréole de lumière que ce jeune homme, si beau, si enivré, si ardent... aux vêtements blancs et flottants, si allègrement campé sur sa fière cavale noire qui couvrait d'écume sa bride rouge et dont la longue queue et la crinière épaisse ondoyaient au vent du soir.

Mais par un contraste qui succède à tous les désirs humains, Djalma se sentit bientôt atteint d'un ressentiment de mélancolie indéfinissable et douce; il porta la main à ses yeux humides et voilés, laissant tomber ses rênes sur le cou de sa docile monture.

Aussitôt celle-ci s'arrêta, allongea son encolure de cygne, et tourna la tête à demi vers le personnage qu'elle apercevait à travers le taillis.

Cet homme, nommé Mahal le contrebandier, était vêtu à peu près comme les matelots européens. Il portait une veste et un pantalon de toile blanche, une large ceinture rouge et un chapeau de paille très-plat de forme; sa figure était brune, caractérisée, et, quoiqu'il eût quarante ans, complétement imberbe.

En un instant Mahal fut auprès du jeune Indien.

— Vous êtes le prince Djalma?.. — lui dit-il en assez mauvais français, en portant respectueusement la main à son chapeau.

— Que veux-tu?.. — dit l'Indien.

— Vous êtes... le fils de Kadja-Sing?

— Encore une fois que veux-tu?

— L'ami du général Simon...

— Le général Simon!!!.. — s'écria Djalma.

— Vous allez au-devant de lui... comme vous y allez chaque soir depuis que vous attendez son retour de Sumatra?

— Oui... mais comment sais-tu?... — dit l'Indien en regardant le contrebandier avec autant de surprise que de curiosité.

— Il doit débarquer à Batavia aujourd'hui ou demain.

— Viendrais-tu de sa part?..

— Peut-être — dit Mahal d'un air défiant.

— Mais êtes-vous bien le fils de Kadja-Sing?

— C'est moi... te dis-je... mais où as-tu vu le général Simon?

— Puisque vous êtes le fils de Kadja-Sing — reprit Mahal en regardant toujours Djalma d'un air soupçonneux — quel est votre surnom?...

— On appelait mon père : le *père du généreux* — répondit le jeune Indien, et un nuage de tristesse passa sur ses beaux traits.

Ces mots parurent commencer à convaincre Mahal de l'identité de Djalma; pourtant, voulant sans doute s'éclairer davantage, il reprit :

— Vous avez dû recevoir, il y a deux jours, une lettre du général Simon... écrite de Sumatra.

— Oui... mais pourquoi ces questions?

— Pour m'assurer que vous êtes bien le fils de Kadja-Sing.... et exécuter les ordres que j'ai reçus...

— De qui?..

— Du général Simon...

— Mais où est-il?

— Lorsque j'aurai la preuve que vous êtes

le prince Djalma, je vous le dirai ; on m'a bien averti que vous étiez monté sur une cavale noire bridée de rouge... mais...

— Par ma mère!!.. parleras-tu?..

— Je vous dirai tout... si vous pouvez me dire quel était le papier imprimé renfermé dans la dernière lettre que le général Simon vous a écrite de Sumatra.

— C'était un fragment de journal français.

— Et ce journal annonçait-il une bonne ou une mauvaise nouvelle touchant le général ?

— Une bonne nouvelle, puisqu'on y lisait qu'en son absence on avait reconnu le dernier titre et le dernier grade qu'il devait à l'Empereur, ainsi qu'on a fait aussi pour d'autres de ses frères d'armes exilés comme lui.

— Vous êtes bien le prince Djalma — dit le contrebandier après un moment de réflexion. — Je peux parler... le général Simon est débarqué cette nuit à Java... mais dans un endroit désert de la côte...

— Dans un endroit désert?..

— Parce qu'il faut qu'il se cache...

— Lui!.. — s'écria Djalma stupéfait. — Se cacher... et pourquoi?

— Je n'en sais rien...

— Mais où est-il? — demanda Djalma en pâlissant d'inquiétude.

— Il est à trois lieues d'ici... près du bord de la mer... dans les ruines de Tchandi...

— Lui... forcé de se cacher... — répéta Djalma, et sa figure exprimait une surprise et une angoisse croissantes.

— Sans en être certain, je crois qu'il s'agit d'un duel qu'il a eu à Sumatra... — dit mystérieusement le contrebandier.

— Un duel... et avec qui?

— Je ne sais, je n'en suis pas sûr; mais connaissez-vous les ruines de Tchandi?..

— Oui.

— Le général vous y attend; voilà ce qu'il m'a ordonné de vous dire...

— Tu es donc venu avec lui de Sumatra?

— J'étais le pilote du petit bâtiment côtier-contrebandier qui l'a débarqué cette nuit sur une plage déserte. Il savait que vous veniez chaque jour l'attendre sur la route du Môle; j'étais à peu près sûr de vous y rencontrer... Il m'a donné, sur la lettre que vous avez reçue de lui, les détails que je viens de vous dire, afin de vous bien prouver que je venais de sa part; s'il avait pu vous écrire il l'aurait fait.

— Et il ne t'a pas dit pourquoi il était obligé de se cacher?..

— Il ne m'a rien dit... D'après quelques mots, j'ai soupçonné ce que je vous ai dit... un duel!..

Connaissant la bravoure et la vivacité du général Simon, Djalma crut les soupçons du contrebandier assez fondés.

Après un moment de silence, il lui dit :

— Peux-tu te charger de reconduire mon cheval?.. Ma maison est en dehors de la ville, là-bas, cachée dans les arbres à côté de la mosquée neuve... Et pour gravir la montagne de Tchandi, mon cheval m'embarrasserait : j'irai bien plus vite à pied...

— Je sais où vous demeurez; le général Simon me l'avait dit... j'y serais allé si je ne vous avais pas rencontré ici... donnez-moi donc votre cheval...

Djalma sauta légèrement à terre, jeta la bride à Mahal, déroula un bout de sa ceinture, y prit une petite bourse de soie et la donna au contrebandier en lui disant :

— Tu as été fidèle et obéissant... Tiens... C'est peu... mais je n'ai pas davantage.

— Kadja-Sing était bien nommé le *père du généreux*,

Dit le contrebandier en s'inclinant avec respect et reconnaissance. Et il prit la route qui conduisait à Batavia, en conduisant en main la cavale de Djalma.

Le jeune Indien s'enfonça dans le taillis, et, marchant à grands pas, il se dirigea vers la montagne où étaient les ruines de Tchandi, et où il ne pouvait arriver qu'à la nuit.

CHAPITRE IV.

M. JOSUÉ VAN-DAEL.

M. Josué Van-Daël, négociant hollandais, correspondant de M. Rodin, était né à Batavia (capitale de l'île de Java); ses parents l'avaient envoyé faire son éducation à Pondichéry dans une célèbre maison religieuse, établie depuis long-temps dans cette ville et appartenant à la compagnie de Jésus. C'est là qu'il s'était affilié à la congrégation comme *profès des trois vœux* ou même laïque, appelé vulgairement *coadjuteur-temporel*.

M. Josué était un homme d'une probité qui passait pour intacte; d'une exactitude rigoureuse dans les affaires, froid, discret, réservé, d'une habileté, d'une sagacité remarquables; ses opérations financières étaient presque toujours heureuses, car une puissance protectrice lui donnait toujours à temps la connaissance des événements qui pouvaient avantageusement influer sur ses transactions commerciales. La maison religieuse de Pondichéry était intéressée dans ses affaires; elle le chargeait de l'exportation et de l'échange des produits de plusieurs grandes propriétés qu'elle possédait dans cette colonie.

Parlant peu, écoutant beaucoup, ne discutant jamais, d'une politesse extrême; donnant peu, mais avec choix et à propos, M. Josué inspirait généralement, à défaut de sympathie, ce froid respect qu'inspirent toujours les gens rigoristes : car, au lieu de subir l'influence des mœurs coloniales souvent libres et dissolues, il paraissait vivre avec une grande régularité, et son extérieur avait quelque chose d'austèrement composé qui imposait beaucoup.

La scène suivante se passait à Batavia pendant que Djalma se rendait aux ruines de Tchandi, dans l'espoir d'y rencontrer le général Simon.

M. Josué venait de se retirer dans son cabinet, où l'on voyait plusieurs casiers garnis de leurs cartons et de grands livres de caisse ouverts sur des pupitres.

L'unique fenêtre de ce cabinet, situé au rez-de-chaussée, donnant sur une petite cour déserte, était à l'extérieur solidement grillagée de fer; une persienne mobile remplaçait les carreaux des croisées, à cause de la grande chaleur du climat de Java.

M. Josué, après avoir posé sur son bureau une bougie renfermée dans une verrine, regarda la pendule.

— Neuf heures et demie... — dit-il. — Mahal doit bientôt venir.

Ce disant, il sortit, traversa une antichambre, ouvrit une seconde porte épaisse, ferrée de grosses têtes de clous à la hollandaise, gagna la cour avec précaution, afin de n'être pas entendu par les gens de sa maison, et tira le verrou à secret qui fermait le battant d'une grande barrière de six pieds environ, formidablement armée de pointes de fer.

Puis laissant cette issue ouverte, il regagna son cabinet après avoir successivement et soigneusement refermé derrière lui les autres portes.

M. Josué se mit à son bureau, prit dans le double-fond d'un tiroir une longue lettre ou plutôt un mémoire commencé depuis quelque temps et écrit jour par jour (il est inutile de dire que la lettre adressée à M. Rodin, à Paris, rue du Milieu-des-Ursins, était antérieure à la libération de Djalma et à son arrivée à Batavia).

Le mémoire en question était aussi adressé à M. Rodin; M. Josué le continua de la sorte:

« — Craignant le retour du général Simon,
» dont j'avais été instruit en interceptant ses
» lettres (je vous ai dit que j'étais parvenu à
» me faire choisir par lui comme son cor-
» respondant), lettres que je lisais et que je
» faisais ensuite remettre *intactes* à Djalma,
» j'ai dû, forcé par le temps et par les circon-
» stances, recourir aux moyens extrêmes, tout
» en sauvant complétement les apparences, et
» en rendant un signalé service à l'humanité;
» cette dernière raison m'a surtout décidé.

» Un nouveau danger d'ailleurs comman-
» dait impérieusement ma conduite.

» Le bateau à vapeur *le Ruyter* a mouillé
» ici hier, et il repart demain dans la journée.

» Ce bâtiment fait la traversée pour l'Eu-
» rope par le golfe Arabique; ses passagers
» débarquent à l'isthme de Suez, le traver-
» sent et vont reprendre à Alexandrie un au-
» tre bâtiment qui les conduit en France.

» Ce voyage, aussi rapide que direct, ne
» demande que sept ou huit semaines; nous
» sommes à la fin d'octobre; le prince Djalma
» pourrait donc être en France vers le com-
» mencement du mois de janvier; et d'après
» vos ordres, dont j'ignore la cause, mais que
» j'exécute avec zèle et soumission, il fallait à
» tout prix mettre obstacle à ce départ, puis-
» que, me dites-vous, un des plus graves in-
» térêts de la *Société* serait compromis par
» l'arrivée de ce jeune Indien à Paris avant le
» 13 février. Or, si je réussis, comme je l'es-
» père, à lui faire manquer l'occasion du *Ruy-*
» *ter*, il lui sera matériellement impossible
» d'arriver en France avant le mois d'avril,
» car *le Ruyter* est le seul bâtiment qui fasse
» le trajet directement; les autres navires

» mettent au moins quatre ou cinq mois à se
» rendre en Europe.

» Avant de vous parler du moyen que j'ai
» dû employer pour retenir ici le prince
» Djalma, moyen dont à cette heure encore
» j'ignore le bon ou le mauvais succès, il est
» bon que vous connaissiez certains faits.

» L'on vient de découvrir dans l'Inde an-
» glaise une communauté dont les membres
» s'appelaient entre eux *frères de la bonne-œu-*
» *vre*, ou *Phansegars*, ce qui signifie simple-
» ment *Étrangleurs*; ces meurtriers ne répan-
» dent pas le sang, ils étranglent leurs victimes
» moins pour les voler que pour obéir à une
» vocation homicide et aux lois d'une infer-
» nale divinité nommée par eux *Bohwanie*.

» Je ne puis mieux vous donner une idée
» de cette horrible secte qu'en transcrivant
» ici quelques lignes de l'avant-propos du rap-
» port du colonel Sleeman, qui a poursuiv
» cette association ténébreuse avec un zèle
» infatigable; ce rapport a été publié il y a
» deux mois. En voici un extrait; c'est le co-
» lonel qui parle...

— » *Durant* 1822 *à* 1824, *quand j'étais chargé*

de la magistrature et de l'administration civile du district de Nersingpour, il ne se commettait pas un meurtre, pas le plus petit vol, par un bandit ordinaire, dont je n'eusse immédiatement connaissance; mais si quelqu'un était venu me dire à cette époque qu'une bande d'assassins de profession héréditaire demeurait dans le village de Kundelie, à quatre cents mètres tout au plus de ma cour de justice; que les admirables bosquets du village de Mundesoor, à une journée de marche de ma résidence, étaient un des plus effroyables entrepôts d'assassinats de toute l'Inde; que des bandes nombreuses de frères de la bonne-œuvre, venant de l'Indoustan et du Dékan, se donnaient annuellement rendez-vous sous ces ombrages, comme à des fêtes solennelles, pour exercer leur effroyable vocation sur toutes les routes qui viennent se croiser dans cette localité, j'aurais pris cet Indien pour un fou qui s'était laissé effrayer par des contes; et cependant rien n'était plus vrai : des voyageurs, par centaines, étaient enterrés chaque année sous les bosquets de Mundesoor; toute une tribu d'assassins vivait à ma porte pendant que j'étais magistrat suprême de la province, et étendait ses dévastations jusqu'aux cités de Poonah et d'Hyderabad; je n'oublierai jamais que, pour me convaincre, l'un des chefs de ces *Étrangleurs*, devenu leur dénonciateur, fit exhumer de l'emplacement même que couvrait ma tente, treize cadavres, et s'offrit d'en faire sortir du sol tout autour de lui un nombre illimité (1).

» Ce peu de mots du colonel Sleeman vous
» donnera une idée de cette société terrible,
» qui a ses lois, ses devoirs, ses habitudes en
» dehors de toutes les lois divines et humai-
» nes. Dévoués les uns aux autres jusqu'à
» l'héroïsme, obéissant aveuglément à leurs
» chefs, qui se disent les représentants immé-
» diats de leur sombre divinité, regardant
» comme ennemis tous ceux qui n'étaient pas
» des leurs, se recrutant partout par un ef-
» frayant prosélytisme; ces apôtres d'une re-
» ligion de meurtre allaient prêchant dans
» l'ombre leurs abominables doctrines, et
» couvraient l'Inde d'un immense réseau.

» Trois de leurs principaux chefs et un de

---

(1) Ce rapport est extrait de l'excellent ouvrage de M. le comte Édouard de Warren, sur l'Inde anglaise en 1831.

» leurs adeptes fuyant la poursuite opiniâtre
» du gouverneur anglais, et étant parvenus
» à s'y soustraire, sont arrivés à la pointe sep-
» tentrionale de l'Inde jusqu'au détroit de
» Malaka, situé à très-peu de distance de no-
» tre île; un contrebandier, quelque peu pi-
» rate, affilié à leur association, et nommé
» *Mahal*, les a pris à bord de son bateau cô-
» tier, et les a transportés ici, où ils se croient
» pour quelque temps en sûreté; car, suivant
» les conseils du contrebandier, ils se sont
» réfugiés dans une épaisse forêt, où se trou-
» vent plusieurs temples en ruines dont les
» nombreux souterrains leur offrent une re-
» traite.

» Parmi ces chefs, tous trois d'une remar-
» quable intelligence, il en est un surtout
» nommé Faringhea doué d'une énergie ex-
» traordinaire, de qualités éminentes qui en
» font un homme des plus redoutables : celui-
» là est métis, c'est-à-dire fils d'un blanc et
» d'une Indienne; il a habité long-temps des
» villes où se tiennent des comptoirs euro-
» péens, et parle très-bien l'anglais et le fran-

» çais; les deux autres chefs sont un nègre
» et un Indien; l'adepte est un Malais.

» Le contrebandier Mahal, réfléchissant
» qu'il pouvait obtenir une bonne récom-
» pense en livrant ces trois chefs et leur
» adepte, est venu à moi, sachant, comme
» tout le monde le sait, ma liaison intime avec
» une personne on ne peut plus influente sur
» notre gouverneur; il m'a donc offert, il y a
» deux jours, à certaines conditions, de livrer
» le nègre, le métis, l'Indien et le Malais...
» Ces conditions sont : — une somme assez
» considérable, et l'assurance d'un passage
» sur un bâtiment partant pour l'Europe ou
» l'Amérique, afin d'échapper à l'implacable
» vengeance des Étrangleurs.

» J'ai saisi avec empressement cette occa-
» sion de livrer à la justice humaine ces trois
» meurtriers, et j'ai promis à Mahal d'être
» son intermédiaire auprès du gouverneur,
» mais aussi à certaines conditions, fort inno-
» centes en elles-mêmes, et qui regardaient
» Djalma... Je m'expliquerai plus au long si
» mon projet réussit; ce que je vais savoir,
» car Mahal sera ici tout à l'heure.

» En attendant que je ferme les dépêches,
» qui partiront demain pour l'Europe par *le*
» *Ruyter,* où j'ai retenu le passage de *Mahal*
» le contrebandier, en cas de réussite, j'ouvre
» une parenthèse au sujet d'une affaire assez
» importante.

» Dans ma dernière lettre, où je vous an-
» nonçais la mort du père de Djalma et l'in-
» carcération de celui-ci par les Anglais, je
» demandais des renseignements sur la solva-
» bilité de M. le baron Tripeaud, banquier et
» manufacturier à Paris, qui a une succursale
» de sa maison à Calcutta. Maintenant ces
» renseignements deviennent inutiles, si ce
» que l'on vient de m'apprendre est malheu-
» reusement vrai ; ce sera à vous d'agir selon
» les circonstances.

» Sa maison de Calcutta nous doit, à moi
» et à notre collége de Pondichéry, des sommes
» assez considérables, et l'on dit M. Tripeaud
» dans des affaires fort dangereusement em-
» barrassées, ayant voulu monter une fabri-
» que pour ruiner, par une concurrence im-
» placable, un établissement immense, depuis
» long-temps fondé par M. François Hardy,

» très-grand industriel. On m'assure que
» M. Tripeaud a déjà enfoui et perdu dans
» cette entreprise de grands capitaux; il a sans
» doute fait beaucoup de mal à M. François
» Hardy; mais il a, dit-on, gravement com-
» promis sa fortune à lui, Tripeaud; or, s'il
» fait faillite, le contre-coup de son désastre
» nous serait très-funeste, puisqu'il nous doit
» beaucoup d'argent à moi et aux nôtres.

» Dans cet état de choses, il serait bien à
» désirer que par les moyens tout-puissants
» et de toute nature dont on dispose, on par-
» vînt à discréditer complétement et à faire
» tomber la maison de M. François Hardy,
» déjà ébranlée par la concurrence acharnée
» de M. Tripeaud; cette combinaison réussis-
» sant, celui-ci regagnerait en très-peu de
» temps tout ce qu'il a perdu; la ruine de son
» rival assurerait sa prospérité, à lui, Tri-
» peaud, et nos créances seraient couvertes.

» Sans doute il serait pénible, il serait dou-
» loureux d'être obligé d'en venir à cette ex-
» trémité pour rentrer dans nos fonds, mais
» de nos jours n'est-on pas quelquefois auto-
» risé à se servir des armes que l'on emploie

» incessamment contre nous? Si l'on en est
» réduit là par l'injustice et la méchanceté des
» hommes, il faut se résigner en songeant que
» si nous tenons à conserver ces biens ter-
» restres, c'est dans une intention toute à la
» plus grande gloire de Dieu, tandis qu'entre
» les mains de nos ennemis ces biens ne sont
» que de dangereux moyens de perdition et
» de scandale.

» C'est d'ailleurs une humble proposition
» que je vous soumets; j'aurais la possibilité
» de prendre l'initiative au sujet de ces créances
» que je ne ferais rien de moi-même; ma vo-
» lonté n'est pas à moi... Comme tout ce que
» je possède, elle appartient à ceux à qui j'ai
» juré obéissance aveugle. »

Un léger bruit venant du dehors interrompit M. Josué et attira son attention.

Il se leva brusquement, et alla droit à la croisée.

Trois petits coups furent aussitôt extérieurement frappés sur une des feuilles de la persienne.

— C'est vous, Mahal? — demanda M. Josué à voix basse.

— C'est moi — répondit-on du dehors, et aussi à voix basse.

— Et le Malais?

— Il a réussi...

— Vraiment! — s'écria M. Josué avec une expression de profonde satisfaction... — Vous en êtes sûr?

— Très-sûr; il n'y a pas de démon plus adroit et plus intrépide.

— Et Djalma?

— Les passages de la dernière lettre du général Simon, que je lui ai cités, l'ont convaincu que je venais de la part du général, et qu'il le trouverait aux ruines de Tchandi.

— Ainsi, à cette heure?

— Djalma est aux ruines, où il trouvera le noir, le métis et l'Indien. C'est-là qu'ils ont donné rendez-vous au Malais qui a tatoué le prince pendant son sommeil.

— Avez-vous été reconnaître le passage souterrain?

— J'y ai été hier... une des pierres du piédestal de la statue tourne sur elle-même... l'escalier est large... il suffira.

— Et les trois chefs n'ont aucun soupçon sur vous?

— Aucun... je les ai vus ce matin... et ce soir le Malais est venu tout me raconter, avant d'aller les rejoindre aux ruines de Tchandi ; car il était resté caché dans les broussailles, n'osant pas s'y rendre durant le jour.

— Mahal... si vous avez dit la vérité, si tout réussit, votre grâce et une large récompense vous sont assurées... Votre place est arrêtée sur *le Ruyter;* vous partirez demain : vous serez ainsi à l'abri de la vengeance des Étrangleurs, qui vous poursuivraient jusqu'ici pour venger la mort de leurs chefs, puisque la Providence vous a choisi pour livrer ces trois grands criminels à la justice... Dieu vous bénira... Allez de ce pas m'attendre à la porte de monsieur le gouverneur... je vous introduirai; il s'agit de choses si importantes que je n'hésite pas à aller le réveiller au milieu de la nuit... Allez vite... je vous suis de mon côté.

On entendit au dehors les pas précipités de Mahal, qui s'éloignait, et le silence régna de nouveau dans la maison...

M. Josué retourna à son bureau, ajouta ces mots en hâte au mémoire commencé :

— « Quoi qu'il arrive, il est maintenant
» impossible que Djalma quitte Batavia...
» Soyez rassuré, il ne sera pas à Paris le 13
» février de l'an prochain...

» Ainsi que je l'avais prévu, je vais être sur
» pied toute la nuit, je cours chez le gouver-
» neur, j'ajouterai demain quelques mots à
» ce long mémoire que le bateau à vapeur *le*
» *Ruyter* portera en Europe. »

Après avoir refermé son secrétaire, M. Josué sonna bruyamment, et, au grand étonnement des gens de sa maison surpris de le voir sortir au milieu de la nuit, il se rendit en hâte à la résidence du gouverneur de l'île.

Nous conduirons le lecteur aux ruines de Tchandi.

CHAPITRE V.

LES RUINES DE TCHANDI.

A l'orage du milieu de ce jour, orage dont les approches avaient si bien servi les desseins de l'Étrangleur sur Djalma, a succédé une nuit calme et sereine.

Le disque de la lune s'élève lentement derrière une masse de ruines imposantes, situées sur une colline, au milieu d'un bois épais, à trois lieues environ de Batavia.

De larges assises de pierre, de hautes murailles de briques rongées par le temps, de vastes portiques chargés d'une végétation parasite, se dessinent vigoureusement sur la nappe de lumière argentée qui se fond à l'horizon avec le bleu limpide du ciel.

Quelques rayons de la lune, glissant à travers l'ouverture de l'un des portiques, éclairent deux statues colossales placées au pied d'un immense escalier dont les dalles disjointes disparaissent presque entièrement sous l'herbe, la mousse et les broussailles.

Les débris de l'une de ces statues, brisée par le milieu, jonchent le sol; l'autre, restée entière et debout, est effrayante à voir...

Elle représente un homme de proportions gigantesques : la tête a trois pieds de hauteur; l'expression de cette figure est féroce, deux prunelles de schiste noir et brillant sont incrustées dans sa face grise; sa bouche, large, profonde, est démesurément ouverte ; des reptiles ont fait leur nid entre ses lèvres de pierre; à la clarté de la lune on y distingue vaguement un fourmillement hideux...

Une large ceinture chargée d'ornements symboliques entoure le corps de cette statue, et soutient à son côté droit une longue épée; ce géant a quatre bras étendus; dans ses quatre grandes mains, il porte une tête d'éléphant, un serpent roulé, un crâne humain et un oiseau semblable à un héron.

La lune, éclairant cette statue de côté, la profile d'une vive lumière, qui augmente encore l'étrangeté farouche de son aspect.

Çà et là, enchâssés au milieu des murailles de briques à demi écroulées, on voit quelques fragments de bas-reliefs, aussi de pierre, très-hardiment fouillés ; l'un des mieux conservés représente un homme à tête d'éléphant, ailé comme une chauve-souris, et dévorant un enfant.

Rien de plus sinistre que ces ruines encadrées de massifs d'arbres d'un vert sombre, couvertes d'emblèmes effrayants, et vues à la clarté de la lune, au milieu du profond silence de la nuit.

A l'une des murailles de cet ancien temple, dédié à quelque mystérieuse et sanglante divinité javanaise, est adossée une hutte grossièrement construite de débris de pierres et de briques ; la porte, faite de treillis de jonc, est ouverte ; il s'en échappe une lueur rougeâtre qui jette ses reflets ardents sur les hautes herbes dont la terre est couverte.

Trois hommes sont réunis dans cette masure, éclairée par une lampe d'argile où brûle une mèche de fil de cocotier imbibée d'huile de palmier.

Le premier de ces trois hommes, âgé de quarante ans environ, est pauvrement vêtu à l'européenne; son teint pâle et presque blanc annonce qu'il appartient à la race métisse; il est issu d'un blanc et d'une Indienne.

Le second est un robuste nègre africain, aux lèvres épaisses, aux épaules vigoureuses et aux jambes grêles; ses cheveux crépus commencent à grisonner; il est couvert de haillons, et se tient debout auprès de l'Indien.

Un troisième personnage est endormi et étendu sur une natte dans un coin de la masure.

Ces trois hommes étaient les trois chefs des *Étrangleurs* qui, poursuivis dans l'Inde continentale, avaient cherché un refuge à Java, sous la conduite de Mahal le contrebandier.

— Le Malais ne revient pas — dit le métis, nommé Faringhea, le chef le plus redoutable de cette secte homicide — peut-être a-t-il été tué par Djalma en exécutant nos ordres.

— L'orage de ce matin a fait sortir de la terre tous les reptiles — dit le nègre — peut être le Malais a-t-il été mordu... et à cette heure son corps n'est-il qu'un nid de serpents.

— Pour servir la *bonne-œuvre* — dit Faringhea d'un air sombre — il faut savoir braver la mort...

— Et la donner — ajouta le nègre.

Un cri étouffé, suivi de quelques mots inarticulés, attira l'attention de ces deux hommes, qui tournèrent vivement la tête vers le personnage endormi.

Ce dernier a trente ans au plus ; sa figure imberbe et d'un jaune cuivré, sa robe de grossière étoffe, son petit turban rayé de jaune et de brun, annoncent qu'il appartient à la pure race hindoue ; son sommeil semble agité par un songe pénible, une sueur abondante couvre ses traits contractés par la terreur ; il parle en rêvant ; sa voix est brève, entrecoupée, il l'accompagne de quelques mouvements convulsifs.

— Toujours ce songe ! — dit Faringhea au nègre ; — toujours le souvenir de cet homme !

— Quel homme?

— Ne te rappelles-tu pas qu'il y a cinq ans le féroce colonel Kennedy... le bourreau des Indiens, était venu sur les bords du Gange chasser le tigre avec vingt chevaux, quatre éléphants et cinquante serviteurs?

— Oui, oui — dit le nègre — et à nous trois, chasseurs d'hommes, nous avons fait une chasse meilleure que la sienne ; Kennedy, avec ses chevaux, ses éléphants et ses nombreux serviteurs, n'a pas eu son tigre... et nous avons eu le nôtre — ajouta-t-il avec une ironie sinistre. — Oui, Kennedy, ce tigre à face humaine est tombé dans notre embuscade, et les frères de la *bonne-œuvre* ont offert cette belle proie à leur déesse Bohwanie.

— Si tu t'en souviens, c'est au moment où nous venions de serrer une dernière fois le lacet au cou de Kennedy que nous avons aperçu tout à coup ce voyageur... il nous avait vus, il fallait s'en défaire... — Depuis, ajouta Faringhea, le souvenir du meurtre de cet homme le poursuit en songe... — et il désigna l'Indien endormi.

— Il le poursuit aussi lorsqu'il est éveillé

— dit le nègre, en regardant Faringhea d'un air significatif.

— Écoute — dit celui-ci en montrant l'Indien qui, dans l'agitation de son rêve, recommençait à parler d'une voix saccadée — écoute, le voilà qui répète les réponses de ce voyageur, lorsque nous lui avons proposé de mourir ou de servir avec nous la *bonne-œuvre*... Son esprit est frappé!... toujours frappé.

En effet, l'Indien prononçait tout haut dans son rêve une sorte d'interrogatoire mystérieux dont il faisait tour à tour les demandes et les réponses.

— Voyageur — disait-il d'une voix entrecoupée par de brusques silences — pourquoi cette raie noire sur ton front? Elle s'étend d'une tempe à l'autre... c'est une marque fatale; ton regard est triste comme la mort... As-tu été victime? viens avec nous... Bohwanie venge les victimes. Tu as souffert? — *Oui, beaucoup souffert...* — Depuis long-temps? — *Oui, depuis bien long-temps.* — Tu souffres encore? — *Toujours.* — A qui t'a frappé, que réserves-tu? — *La pitié.* — Veux-tu rendre coup pour coup? — *Je veux rendre l'amour pour la haine.* — Qui es-tu donc, toi qui rends le bien pour le mal ? — *Je suis celui qui aime, qui souffre et qui pardonne.*

— Frère... entends-tu ? — dit le nègre à Faringhea ; — il n'a pas oublié les paroles du voyageur avant sa mort.

— La vision le poursuit... Écoute... il parle encore... Comme il est pâle !

En effet, l'Indien, toujours sous l'obsession de son rêve, continua :

— Voyageur... nous sommes trois, nous sommes courageux, nous avons la mort dans nos mains, tu nous as vus sacrifier à la *bonne-œuvre.* Sois des nôtres... ou meurs... meurs... meurs... Oh ! quel regard... Pas ainsi... Ne me regarde pas ainsi...

En disant ces mots, l'Indien fit un brusque mouvement, comme pour éloigner un objet qui s'approchait de lui, et il se réveilla en sursaut.

Alors, passant la main sur son front baigné de sueur... il regarda autour de lui d'un œil égaré.

— Frère... toujours ce rêve — lui dit Faringhea. — Pour un hardi chasseur d'hommes... ta tête est faible... Heureusement ton cœur et ton bras sont forts...

L'Indien resta un moment sans répondre, son front caché dans ses mains, puis il reprit :

— Depuis long-temps... je n'avais pas rêvé de ce voyageur.

— N'est-il pas mort? — dit Faringhea en haussant les épaules. — N'est-ce pas toi qui lui as lancé le lacet autour du cou?

— Oui — dit l'Indien en tressaillant...

— N'avons-nous pas creusé sa fosse auprès de celle du colonel Kennedy? Ne l'y avons-nous pas enterré, comme le bourreau anglais, sous le sable et sous les joncs? — dit le nègre.

— Oui, nous avons creusé la fosse — dit l'Indien en frémissant — et pourtant il y a un an, j'étais près de la porte de Bombay; le soir... j'attendais un de nos frères... Le soleil allait se coucher derrière la pagode qui est à l'est de la petite colline ; je vois encore tout cela; j'étais assis sous un figuier... j'entends un pas calme, lent et ferme; je détourne la tête... c'était lui... il sortait de la ville.

5.

— Vision! — dit le nègre — toujours cette vision!

— Vision — ajouta Faringhea — ou vague ressemblance.

— A cette marque noire qui lui barre le front, je l'ai reconnu, c'était lui; je restai immobile d'épouvante.... les yeux hagards; il s'est arrêté en attachant sur moi son regard calme et triste... Malgré moi, j'ai crié : — *C'est lui !* — *C'est moi !* — a-t-il répondu de sa voix douce, — *puisque tous ceux que tu as tués renaissent comme moi.* — Et il montra le ciel. — *Pourquoi tuer? Écoute... je viens de Java; je vais à l'autre bout du monde... dans un pays de neige éternelle... là ou ici, sur une terre de feu ou sur une terre glacée, ce sera toujours moi! Ainsi de l'âme de ceux qui tombent sous ton lacet, en ce monde ou là-haut... dans cette enveloppe ou dans une autre... l'âme sera toujours une âme... tu ne peux l'atteindre... Pourquoi tuer?...* — Et secouant tristement la tête... il a passé... marchant toujours lentement... le front incliné... il a gravi ainsi la colline de la pagode. Je le suivais des yeux sans pouvoir bouger; au moment où le soleil se couchait, il s'est arrêté au sommet, sa grande taille s'est dessinée sur le ciel, et il a disparu. Oh! c'était lui!... — ajouta l'Indien en frissonnant, après un long silence. — C'était lui!...

Jamais le récit de l'Indien n'avait varié; car bien souvent il avait entretenu ses compagnons de cette mystérieuse aventure. Cette persistance de sa part finit par ébranler leur incrédulité, ou plutôt par leur faire chercher une cause naturelle à cet événement surhumain en apparence.

— Il se peut — dit Faringhea, après un moment de réflexion — que le nœud qui serrait le cou du voyageur ait été arrêté, qu'il lui soit resté un souffle de vie: l'air aura pénétré à travers les joncs dont nous avons recouvert sa fosse, et il sera revenu à la vie.

— Non, non — dit l'Indien en secouant la tête. — Cet homme n'est pas de notre race.....

— Explique-toi.

— Maintenant je sais...

— Tu sais?

— Ecoutez — dit l'Indien d'une voix solennelle — le nombre des victimes que les fils de Bohwanie ont sacrifiées depuis le commencement des siècles n'est rien auprès de l'immensité de morts et de mourants que ce terrible voyageur laisse derrière lui dans sa marche homicide.

— Lui... — s'écrièrent le nègre et Faringhea.

— Lui... — répéta l'Indien avec un accent de conviction dont ses compagnons furent frappés. — Écoutez encore et tremblez : Lorsque j'ai rencontré ce voyageur aux portes de Bombay... il venait de Java, et il allait vers le nord... m'a-t-il dit. Le lendemain Bombay était ravagé par le choléra... et quelque temps après on apprenait que ce fléau avait d'abord éclaté ici... à Java.

— C'est vrai — dit le nègre.

— Écoutez encore — reprit l'Indien. — Je m'en vais vers le nord... vers un pays de neige éternelle, m'avait dit le voyageur... Le choléra... s'en est allé, lui aussi, vers le nord ;... il a passé par Mascate, Ispahan, Tauris... Tiflis... et a gagné la Sibérie.

— C'est vrai... — dit Faringhea devenu pensif.

— Et le choléra — reprit l'Indien — ne

faisait que cinq à six lieues par jour... la marche d'un homme... Il ne paraissait jamais... en deux endroits à la fois ;... mais il s'avançait lentement, également... toujours la marche d'un homme...

A cet étrange rapprochement, les deux compagnons de l'Indien se regardèrent avec stupeur...

Après un silence de quelques minutes, le nègre effrayé dit à l'Indien :

— Et tu crois que cet homme...

— Je crois que cet homme que nous avons tué, rendu à la vie par quelque divinité infernale... a été chargé par elle de porter sur la terre ce terrible fléau... et de répandre partout sur ses pas la mort... lui qui ne peut mourir... Souvenez-vous — ajouta l'Indien avec une sombre exaltation — souvenez-vous... ce terrible voyageur a passé par Java : le choléra a dévasté Java ;.. ce voyageur a passé par Bombay : le choléra à dévasté Bombay ;... ce voyageur est allé vers le nord : le choléra a dévasté le nord...

Ce disant, l'Indien retomba dans une rêverie profonde.

Le nègre et Faringhea étaient saisis d'un sombre étonnement.

L'Indien disait vrai, quant à la marche mystérieuse (jusqu'ici encore inexpliquée) de cet épouvantable fléau, qui n'a jamais fait, on le sait, que cinq ou six lieues par jour, n'apparaissant jamais simultanément en deux endroits.

Rien de plus étrange, en effet, que de suivre sur les cartes dressées à cette époque l'allure lente, progressive de ce fléau voyageur, qui offre à l'œil étonné tous les caprices, tous les incidents de la marche d'un homme;

Passant ici plutôt que par là... choisissant des provinces dans un pays... des villes dans les provinces... un quartier dans une ville... une rue dans un quartier... une maison dans une rue... ayant même ses lieux de séjour et de repos, puis continuant sa marche lente, mystérieuse, terrible.

Les paroles de l'Indien, en faisant ressortir ces effrayantes bizarreries, devaient donc vivement impressionner le nègre et Faringhea, natures farouches, amenées par d'effroyables doctrines à la monomanie du meurtre.

Oui... car (ceci est un fait avéré) il y a eu dans l'Inde des sectaires de cette abominable communauté, des gens qui, presque toujours, tuaient sans motif, sans passion... tuaient pour tuer... pour la volupté du meurtre... pour substituer la mort à la vie... pour *faire d'un vivant un cadavre*... ainsi qu'ils l'ont dit dans un de leurs interrogatoires...

La pensée s'abîme à pénétrer la cause de ces monstrueux phénomènes... Par quelle incroyable succession d'événements des hommes se sont-ils voués à ce sacerdoce de la mort?

Sans nul doute, une telle religion ne peut *florir* que dans des contrées vouées comme l'Inde au plus atroce esclavage, à la plus impitoyable exploitation de l'homme par l'homme...

Une telle religion... n'est-ce pas la haine de l'humanité exaspérée jusqu'à sa dernière puissance par l'oppression? Peut-être encore cette secte homicide, dont l'origine se perd dans la nuit des âges, s'est-elle perpétuée dans ces régions comme la seule protestation possible de l'esclavage contre le despotisme. Peut-être enfin Dieu, dans ses vues impénétrables, a-t-il créé là des Phansegars comme il y a créé des tigres et des serpents...

Ce qui est encore remarquable dans cette sinistre congrégation, c'est le lien mystérieux qui, unissant tous ses membres entre eux, les isole des autres hommes; car ils ont des lois à eux, des coutumes à eux; ils se dévouent, se soutiennent, s'aident entre eux;... mais pour eux, il n'y a ni pays, ni famille... ils ne relèvent que d'un sombre et invisible pouvoir, aux arrêts duquel ils obéissent avec une soumission aveugle, et au nom duquel ils se répandent partout, afin de *faire des cadavres,* pour employer une de leurs sauvages expressions (1)...

. . . .

(1) Voici quelques passages du très-curieux livre de M. le comte de Warren sur l'Inde anglaise en 1831 :

« Outre les voleurs qui tuent pour le butin qu'ils espèrent réaliser sur les voyageurs, il y a une classe d'assassins organisés en société, avec des chefs, une science, une franc-maçonnerie et même une religion qui a son fanatisme et son dévouement, ses agents, ses émissaires, ses collaborateurs, ses troupes militantes et ses affiliés passifs qui contribuent de leurs deniers à la *bonne-œuvre.* C'est la communauté des Thugs ou Phansegars (trompeurs ou étrangleurs,

Pendant quelques moments, les trois Étrangleurs avaient gardé un profond silence.

de *thugna*, tromper, et *phansna*, étrangler), communauté religieuse et industrielle qui exploite la race humaine en l'exterminant, et dont l'origine se perd dans la nuit des âges.

» Jusqu'en 1810, leur existence était inconnue non-seulement des conquérants européens, mais même des gouvernements indigènes. Entre les années 1816 et 1830, plusieurs de leurs bandes avaient été prises sur le fait et punies ; mais, jusqu'à cette dernière époque, toutes les révélations faites à leur sujet par des officiers d'une haute expérience avaient semblé trop monstrueuses pour obtenir l'attention et la croyance du public ; on les avait rejetées et dédaignées comme les rêves d'une imagination en délire. Et pourtant, depuis de nombreuses années, au moins depuis un demi-siècle, cette plaie sociale dévorait les populations avec un développement effrayant, du pied de l'Himalaya jusqu'au cap Comorin, du Cutch jusqu'à l'Assam.

» Ce fut en l'année 1830 que les révélations d'un chef célèbre, auquel on accorda la vie sous la condition de dénoncer ses complices, dévoilèrent le système tout entier. La base de la société Thugie est une croyance religieuse, le culte de Bohwanie, sombre divinité qui ne se plaît que dans le carnage, et déteste surtout la race humaine ; ses plus agréables sacrifices sont des victimes humaines ; et plus on en aura immolé dans ce monde, plus elle vous récompensera dans l'autre par toutes les joies de l'âme et des sens, par des femmes toujours belles et par des jouissances toujours nouvelles. Si l'assassin rencontre l'échafaud dans sa carrière, il meurt avec l'enthousiasme d'un martyr, parce qu'il en attend la palme. Pour obéir à sa divine maîtresse,

Au dehors, la lune jetait toujours de grandes lumières blanches et de grandes ombres

il égorge sans colère et sans remords le vieillard, la femme et l'enfant ; il sera envers ses co-religionnaires charitable, humain, généreux, dévoué, mettra tout en commun, parce qu'ils sont comme lui ministres et enfants adoptifs de Bohwanie. La destruction de ses semblables, dès qu'ils n'appartiennent pas à sa communauté, la diminution de l'espèce humaine, voilà l'objet même qu'il poursuit ; ce n'est pas un moyen de fortune ; le butin n'est que l'accessoire, un corollaire fort agréable sans doute, mais secondaire, dans son estimation. La destruction, voilà son but, sa mission céleste, sa vocation ; c'est aussi une passion délicieuse à assouvir, c'est selon lui la plus enivrante de toutes les chasses, la chasse à l'homme ! « Vous trouvez un grand plaisir, ai-je entendu dire à un des condamnés, à poursuivre la bête féroce dans sa tanière, à attaquer le sanglier, le tigre, parce qu'il y a des dangers à braver, de l'énergie, du courage à déployer. Songez donc combien cet attrait doit redoubler quand la lutte est avec l'homme, quand c'est l'homme qu'il faut détruire ! Au lieu de l'exercice d'une seule faculté, le courage, c'est tout à la fois courage, finesse, prévoyance, éloquence, diplomatie : que de ressorts à faire mouvoir ! que de moyens à développer ! Jouer avec toutes les passions, faire vibrer même les cordes de l'amour et de l'amitié pour amener la proie dans vos filets, c'est une chasse sublime, c'est enivrant, c'est un délire, vous dis-je. »

» Quiconque s'est trouvé dans l'Inde dans les années 1831 et 1832 se rappellera la stupeur et l'effroi que la découverte de cette vaste machine infernale répandit dans toute la société. Un grand nombre de magistrats, d'admi-

bleuâtres sur la masse imposante des ruines ; les étoiles scintillaient au ciel ; de temps à autre, une faible brise faisait bruire les feuilles épaisses et vernissées des bananiers et des palmiers.

Le piédestal de la statue gigantesque qui, entièrement conservée, s'élevait à gauche du portique, reposait sur de larges dalles, à moitié caché sous les broussailles.

Tout à coup, une de ces dalles parut s'abîmer.

De l'excavation qui se forma sans bruit, un homme, vêtu d'un uniforme, sortit à mi-corps, regarda attentivement autour de lui... et prêta l'oreille.

Voyant la lueur de la lampe, qui éclairait l'intérieur de la masure, trembler sur les grandes herbes... il se retourna, fit un signe, et bientôt lui et deux autres soldats gravirent, avec le plus grand silence et les plus grandes

---

nistrateurs de province se refusèrent à y croire, et ne pouvaient comprendre qu'un système aussi vaste eût si longtemps dévoré le corps social sous leurs yeux, silencieusement, sans se trahir.

(*L'Inde anglaise en* 1831, par M. le comte Édouard de Warren, 2 vol. in-8º, Paris, 1844.)

précautions, les dernières marches de cet escalier souterrain, et se glissèrent à travers les ruines.

Pendant quelques moments leurs ombres mouvantes se projetèrent sur les parties du sol éclairées par la lune, puis ils disparurent derrière des pans de murs dégradés.

Au moment où la dalle épaisse reprit sa place et son niveau, on aurait pu voir la tête de plusieurs autres soldats embusqués dans cette excavation.

Le métis, l'Indien et le nègre, toujours pensifs dans la masure, ne s'étaient aperçus de rien

CHAPITRE VI.

L'EMBUSCADE.

Le métis Faringhea voulant, sans doute échapper aux sinistres pensées que les paroles de l'Indien sur la marche mystérieuse du choléra avaient éveillées en lui, changea brusquement d'entretien. Son œil brilla d'un feu sombre, sa physionomie prit une expression d'exaltation farouche, et il s'écria :

— Bohwanie... veillera toujours sur nous, intrépides chasseurs d'hommes! Frères, courage... courage... le monde est grand... notre proie est partout... Les Anglais nous forcent de quitter l'Inde, nous, les trois chefs de la *bonne-œuvre;* qu'importe? nous y laissons nos frères, aussi cachés, aussi nombreux, aussi terribles que les scorpions noirs qui ne révèlent leur présence que par une piqûre mortelle; l'exil agrandit nos domaines... Frère, à toi l'Amérique — dit-il à l'Indien d'un air inspiré. — Frère, à toi l'Afrique — dit-il au nègre. — Frères, à moi l'Europe!... Partout où il y a des hommes, il y a des bourreaux et des victimes... Partout où il y a des victimes, il y a des cœurs gonflés de haine; c'est à nous d'enflammer cette haine de toutes les ardeurs de la vengeance!! C'est à nous, à force de ruses, à force de séductions, d'attirer parmi nous, serviteurs de Bohwanie, tous ceux dont le zèle, le courage et l'audace peuvent nous être utiles. Entre nous et pour nous, rivalisons de dévouement, d'abnégation; prêtons-nous force, aide et appui! Que tous ceux qui ne sont pas avec nous soient notre proie; isolons-nous au milieu de tous, contre tous, malgré tous. Pour nous, qu'il n'y ait ni patrie ni famille. Notre famille, ce sont nos frères; notre pays... c'est le monde.

Cette sorte d'éloquence sauvage impressionna vivement le nègre et l'Indien, qui subissaient ordinairement l'influence de Faringhea, dont l'intelligence était très-supérieure à la leur, quoiqu'ils fussent eux-mêmes deux des chefs les plus éminents de cette sanglante association.

— Oui, tu as raison, frère — s'écria l'Indien partageant l'exaltation de Faringhea — à nous le monde... Ici même, à Java, laissons une trace de notre passage... Avant notre départ, fondons la *bonne-œuvre* dans cette île;... elle y grandira vite, car ici la misère est grande, les Hollandais sont aussi rapaces que les Anglais... Frère, j'ai vu dans les rizières marécageuses de cette île, toujours mortelles à ceux qui les cultivent, des hommes que le besoin forçait à ce travail homicide; ils étaient livides comme des cadavres; quelques-uns, exténués par la maladie, par la fatigue et par la faim, sont tombés pour ne plus se relever... Frères, la *bonne-œuvre* grandira dans ce pays.

— L'autre soir — dit le métis — j'étais sur le bord du lac, derrière un rocher; une jeune femme est venue, quelques lambeaux de couverture entouraient à peine son corps maigre et brûlé par le soleil; dans ses bras elle tenait un petit enfant qu'elle serrait en pleurant contre son sein tari. Elle a embrassé trois fois cet enfant en disant : — Toi, au moins, tu ne seras pas malheureux comme ton père; — et elle l'a jeté à l'eau, il a poussé un cri en disparaissant... A ce cri, les caïmans, cachés dans les roseaux, ont joyeusement sauté dans le lac... Frères, ici les mères tuent leurs enfants par pitié... la *bonne-œuvre* grandira dans ce pays.

— Ce matin — dit le nègre — pendant qu'on déchirait un de ses esclaves noirs à coups de fouet, un vieux petit homme, négociant de Batavia, est sorti de sa maison des champs, pour regagner la ville. Dans son palanquin, il recevait, avec une indolence blasée, les tristes caresses de deux des jeunes filles dont il peuple son harem, en les achetant à leurs familles trop pauvres pour les nourrir. Le palanquin où se tenaient ce petit vieillard et ces jeunes filles était porté par douze hommes jeunes et robustes. Frères, il y a ici des mères qui, par misère, vendent leurs filles, des esclaves que l'on fouette, des hommes qui portent d'autres hommes comme des bêtes de somme; la *bonne-œuvre* grandira dans ce pays.

— Dans ce pays... et dans tout pays d'oppression, de misère, de corruption et d'esclavage.

— Puissions-nous donc engager parmi nous Djalma, comme nous l'a conseillé Mahal le contrebandier — dit l'Indien! — notre voyage à Java aurait un double profit : car, avant de partir, nous compterions parmi les nôtres ce jeune homme entreprenant et hardi, qui a tant de motifs de haïr les hommes.

— Il va venir... envenimons encore ses ressentiments.

— Rappelons-lui la mort de son père.

— Le massacre des siens...

— Sa captivité.

— Que la haine enflamme son cœur, et il est à nous...

Le nègre, qui était resté quelque temps pensif, dit tout à coup :

— Frères... si Mahal, le contrebandier, nous trompait?

— Lui! — s'écria l'Indien presque avec indignation — il nous a donné asile sur son

Il était drapé dans une grande pièce de coton rayée de couleurs tranchantes.

— Eh bien? — dit le nègre avec inquiétude — as-tu réussi?

— Djalma portera toute sa vie le signe de la *bonne-œuvre* — dit le Malais avec orgueil; — pour parvenir jusqu'à lui... j'ai dû offrir à Bohwanie un homme qui se trouvait sur mon passage;... j'ai laissé le corps sous des broussailles près de l'ajoupa. Mais Djalma... porte notre signe. Mahal, le contrebandier, l'a su le premier.

— Et Djalma ne s'est pas réveillé!... — dit l'Indien confondu de l'adresse du Malais.

— S'il s'était réveillé — répondit celui-ci avec calme — j'étais mort... puisque je devais épargner sa vie.

— Parce que sa vie peut nous être plus utile que sa mort — reprit le métis. — Puis s'adressant au Malais : — Frère, en risquant ta vie pour la *bonne-œuvre*, tu as fait aujourd'hui ce que nous avons fait hier, ce que nous ferons demain... Aujourd'hui tu obéis, un autre jour tu commanderas.

L'EMBUSCADE.

— Nous appartenons tous à Bohwanie — dit le Malais. — Que faut-il encore faire?... je suis prêt.

En parlant ainsi, le Malais faisait face à la porte de la masure; tout à coup, il dit à voix basse :

— Voici Djalma, il approche de la cabane; Mahal ne nous a pas trompés...

— Qu'il ne me voie pas encore — dit Faringhea en se retirant dans un coin obscur de la cabane et se cachant sous une natte — tâchez de le convaincre,... s'il résiste... j'ai mon projet...

A peine Faringhea avait-il dit ces mots et disparu, que Djalma arrivait à la porte de cette masure.

A la vue de ces trois personnages à la physionomie sinistre, Djalma recula de surprise. Ignorant que ces hommes appartenaient à la secte des Phansegars et sachant que souvent, dans ce pays où il n'y a pas d'auberges, les voyageurs passent les nuits sous la tente ou dans les ruines qu'ils rencontrent, il fit un pas vers eux; lorsque son premier étonnement fut passé, reconnaissant au teint bronzé de l'un de ces hommes et à son costume, qu'il était Indien, il lui dit en langue indoue :

— Je croyais trouver ici un Européen... un Français...

— Ce Français... n'est pas encore venu — répondit l'Indien — mais il ne tardera pas.

Devinant à la question de Djalma le moyen dont s'était servi Mahal pour l'attirer dans ce piége, l'Indien espérait gagner du temps en prolongeant cette erreur.

— Tu connais... ce Français? — demanda Djalma au Phansegar.

— Il nous a donné rendez-vous ici... comme à toi — reprit l'Indien.

— Et pourquoi faire? — dit Djalma de plus en plus étonné.

— A son arrivée... tu le sauras...

— C'est le général Simon qui vous a dit de vous trouver ici?

— C'est le général Simon — répondit l'Indien.

Il y eut un moment de silence, pendant lequel Djalma cherchait en vain à s'expliquer cette mystérieuse aventure.

— Et qui êtes-vous? — demanda-t-il à l'Indien d'un air soupçonneux; car le morne silence des deux compagnons du Phansegar, qui se regardaient fixement, commençait à lui donner quelques soupçons...

—Qui nous sommes, — répondit l'Indien — nous sommes à toi... si tu veux être à nous.

— Je n'ai pas besoin de vous... vous n'avez pas besoin de moi...

— Qui sait?

— Moi... je le sais...

— Tu te trompes... les Anglais ont tué ton père;... il était roi... on t'a fait captif... on t'a proscrit... tu ne possèdes plus rien...

A ce souvenir cruel les traits de Djalma s'assombrirent. Il tressaillit, un sourire amer contracta ses lèvres.

Le Phansegar continua :

— Ton père était juste, brave... aimé de ses sujets... on l'appelait le père du Généreux, et il était le bien nommé... Laisseras-tu sa mort sans vengeance? la haine qui te ronge le cœur, sera-t-elle stérile?

—Mon père est mort les armes à la main... j'ai vengé sa mort sur les Anglais que j'ai tués à la guerre... Celui qui pour moi a remplacé mon père... et a aussi combattu pour lui, m'a dit qu'il serait maintenant insensé à moi de vouloir lutter contre les Anglais pour reconquérir mon territoire. Quand ils m'ont mis en liberté, j'ai juré de ne jamais remettre les pieds dans l'Inde... et je tiens les serments que je fais...

— Ceux qui t'ont dépouillé, ceux qui t'ont fait captif, ceux qui ont tué ton père... sont des hommes... Il est ailleurs des hommes sur qui tu peux te venger... que ta haine retombe sur eux.

— Pour parler ainsi des hommes... n'es-tu donc pas un homme!

— Moi... et ceux qui me ressemblent, nous sommes plus que des hommes... Nous sommes au reste de la race humaine ce que sont les hardis chasseurs aux bêtes féroces qu'ils traquent dans les bois... Veux-tu être comme nous... plus qu'un homme, veux-tu assouvir sûrement... largement, impunément la haine qui te dévore le cœur... après le mal que l'on t'a fait?

— Tes paroles sont de plus en plus obscures... je n'ai pas de haine dans le cœur — dit Djalma. — Quand un ennemi est digne de moi... je le combats... quand il en est indigne je le méprise... Ainsi je ne hais ni les braves... ni les lâches.

— Trahison !... — s'écria tout à coup le nègre en indiquant la porte d'un geste rapide; car Djalma et l'Indien s'en étaient peu à peu éloignés pendant leur entretien, et ils se trouvaient alors dans un des angles de la cabane.

Au cri du nègre, Faringhea, que Djalma n'avait pas aperçu, écarta brusquement la natte qui le cachait, tira son poignard, bondit comme un tigre, et fut d'un saut hors de la cabane. Voyant alors un cordon de soldats s'avancer avec précaution, il frappa l'un d'eux d'un coup mortel, en renversa deux autres, et disparut au milieu des ruines.

Ceci s'était passé si précipitamment, qu'au moment où Djalma se retourna pour savoir la cause du cri d'alarme du nègre, Faringhea venait de disparaître.

Djalma et les trois Étrangleurs furent aussitôt couchés en joue par plusieurs soldats rassemblés à la porte pendant que d'autres s'élançaient à la poursuite de Faringhea.

Le nègre, le Malais et l'Indien, voyant l'impossibilité de résister, échangèrent rapidement quelques paroles et tendirent la main aux cordes dont quelques soldats étaient munis.

Le capitaine hollandais qui commandait le détachement entra dans la cabane à ce moment.

— Et celui-ci? — dit-il en montrant Djalma aux soldats qui achevaient de garrotter les trois Phansegars.

— Chacun son tour, mon officier — dit un vieux sergent — nous allons à lui.

Djalma restait pétrifié de surprise, ne comprenant rien à ce qui se passait autour de lui; mais lorsqu'il vit le sergent et les deux soldats s'avancer avec des cordes pour le lier, il les repoussa avec une violente indignation et se précipita vers la porte, où se tenait l'officier.

Les soldats, croyant que Djalma subirait son sort avec autant d'impassibilité que ses compagnons, ne s'attendaient pas à cette résistance; ils reculèrent de quelques pas, frappés malgré eux de l'air de noblesse et de dignité du fils de Kadja-Sing.

— Pourquoi voulez-vous me lier... comme ces hommes? — s'écria Djalma en s'adressant en indien à l'officier qui comprenait cette langue, servant depuis long-temps dans les colonies hollandaises.

— Pourquoi on veut te lier, misérable! parce que tu fais partie de cette bande d'assassins. Et vous — ajouta l'officier en s'adressant aux soldats en hollandais — avez-vous peur de lui!... Serrez... serrez les nœuds autour de ses poignets en attendant qu'on lui en serre un autre autour du cou!

— Vous vous trompez — dit Djalma avec une dignité calme et un sang-froid qui étonnèrent l'officier — je suis ici depuis un quart d'heure à peine.... je ne connais pas ces hommes... Je croyais trouver ici un Français...

— Tu n'es pas un Phansegar comme eux... et à qui prétends-tu faire croire ce mensonge?..

— Eux! — s'écria Djalma avec un mouvement et une expression d'horreur si naturelle, que d'un signe l'officier arrêta les soldats, qui s'avançaient de nouveau pour garrotter le fils de Kadja-Sing — ces hommes font partie de cette horrible bande de meurtriers!... et vous m'accusez d'être leur complice!... Alors je suis tranquille, monsieur — dit le jeune homme en haussant les épaules avec un sourire de dédain.

— Il ne suffit pas de dire que vous êtes tranquille — reprit l'officier — grâce aux révélations, on sait maintenant à quels signes mystérieux se reconnaissent les Phansegars...

— Je vous répète, monsieur, que j'ai l'horreur la plus grande pour ces meurtriers;... que j'étais venu ici pour...

Le nègre interrompant Djalma dit à l'officier avec une joie farouche :

— Tu l'as dit, les fils de la *bonne-œuvre* se reconnaissent par des signes qu'ils portent tatoués sur la chair... Notre heure est arrivée, nous donnerons notre cou à la corde... Assez souvent nous avons enroulé le lacet au cou de ceux qui ne servent pas la *bonne-œuvre*... Regarde nos bras et regarde celui de ce jeune homme.

L'officier, interprétant mal les paroles du nègre, dit à Djalma :

— Il est évident que si, comme dit ce nègre, vous ne portez pas au bras ce signe mystérieux... et nous allons nous en assurer ; si vous expliquez d'une manière satisfaisante votre présence ici, dans deux heures vous pouvez être mis en liberté.

— Tu ne me comprends pas — dit le nègre à l'officier — le prince Djalma est des nôtres, car il porte sur le bras gauche le nom de Bohwanie...

— Oui, il est comme nous fils de la *bonne-œuvre* — ajouta le Malais.

— Il est comme nous Phanségar — dit l'Indien.

Ces trois hommes, irrités de l'horreur que Djalma avait manifestée en apprenant qu'ils étaient Phansegars, mettaient un farouche orgueil à faire croire que le fils de Kadja-Sing appartenait à leur horrible association.

— Qu'avez-vous à répondre ? — dit l'officier à Djalma.

Celui-ci haussa les épaules avec une dédaigneuse pitié, releva de sa main droite sa longue et large manche gauche, et montra son bras nu.

— Quelle audace! — s'écria l'officier.

En effet, un peu au-dessous de la saignée, sur la partie interne de l'avant-bras, on voyait écrit, d'un rouge vif, le nom de Bohwanie, en caractères indous.

L'officier courut au Malais, découvrit son bras; il vit le même nom, les mêmes signes : non content encore, il s'assura que le nègre et l'Indien les portaient aussi.

— Misérable! — s'écria-t-il en revenant furieux vers Djalma — tu inspires plus d'horreur encore que tes complices. Garrottez-le comme un lâche assassin — dit-il aux soldats — comme un lâche assassin qui ment au bord de la fosse, car son supplice ne se fera pas long-temps attendre.

Stupéfait, épouvanté, Djalma, depuis quelques moments les yeux fixés sur ce tatouage funeste, ne pouvait prononcer une parole ni faire un mouvement; sa pensée s'abimait devant ce fait incompréhensible.

— Oserais-tu nier ce signe? — lui dit l'officier avec indignation.

— Je ne puis nier... ce que je vois... ce qui est... —dit Djalma avec accablement.

— Il est heureux... que tu avoues enfin, misérable — reprit l'officier ; — et vous, soldats... veillez sur lui... et sur ses complices... vous en répondez.

Se croyant le jouet d'un songe étrange, Djalma ne fit aucune résistance, se laissa machinalement garrotter et emmener. L'officier espérait avec une partie de ses soldats découvrir Faringhea dans les ruines, mais ses recherches furent vaines ; et au bout d'une heure il partit pour Batavia, où l'escorte des prisonniers l'avait devancé.

. . . .

Quelques heures après ces événements, M. Josué Van-Daël terminait ainsi le long mémoire adressé à M. Rodin à Paris :

«... Les circonstances étaient telles que je
» ne pouvais agir autrement; somme toute,
» c'est un petit mal pour un grand bien.

» Trois meurtriers sont livrés à la justice,
» et l'arrestation temporaire de Djalma ne
» servira qu'à faire briller son innocence d'un
» plus pur éclat.

» Déjà ce matin je suis allé chez le gouver-
» neur protester en faveur de notre jeune
» prince : — Puisque c'est grâce à moi — ai-
» je dit — que ces trois grands criminels sont
» tombés entre les mains de l'autorité, que
» l'on me prouve du moins quelque gratitude
» en faisant tout au monde pour rendre plus
» évidente que le jour la non-culpabilité
» du prince Djalma, déjà si intéressant par
» ses malheurs et par ses nobles qualités.
» Certes — ai-je ajouté — lorsque hier je me
» suis hâté de venir apprendre au gouver-
» neur que l'on trouverait les Phansegars ras-
» semblés dans les ruines de Tchandi, j'étais
» loin de m'attendre à ce qu'on confondrait
» avec eux le fils adoptif du général Simon,
» excellent homme, avec qui j'ai eu depuis
» quelque temps les plus honorables relations.
» Il faut donc à tout prix découvrir le mys-
» tère inconcevable qui a jeté Djalma dans
» cette dangereuse position, et je suis — ai-je
» encore dit — tellement sûr qu'il n'est pas
» coupable, que dans son intérêt je ne de-
» mande aucune grâce. Il aura assez de cou-
» rage et de dignité pour attendre patiem-
» ment en prison le jour de la justice.

» Or, dans tout ceci, vous le voyez, je disais
» vrai, je n'avais pas à me reprocher le moin-
» dre mensonge, car personne au monde
» n'est plus convaincu que moi de l'innocence
» de Djalma.

» Le gouverneur m'a répondu comme je
» m'y attendais : que moralement il était aussi
» certain que moi de l'innocence du jeune
» prince, qu'il aurait pour lui les plus grands
» égards; mais qu'il fallait que la justice eût
» son cours, parce que c'était le seul moyen
» de démontrer la fausseté de l'accusation et
» de découvrir par quelle incompréhensible
» fatalité ce signe mystérieux se trouvait ta-
» toué sur le bras de Djalma...

» Mahal le contrebandier, qui seul pourrait
» édifier la justice à ce sujet, aura dans une
» heure quitté Batavia pour se rendre à bord du
» *Ruyter*, qui le conduira en Égypte; car il doit
» remettre au capitaine un mot de moi qui
» certifie que Mahal est bien la personne dont
» j'ai payé et arrêté le passage. En même
» temps, il portera à bord ce long mémoire;
» car *le Ruyter* doit partir dans une heure, et la
» dernière levée des lettres pour l'Europe s'est

» faite hier soir. Mais j'ai voulu voir ce matin
» le gouverneur avant de fermer ces dépêches.

» Voici donc le prince Djalma retenu for-
» cément ici pendant un mois ; cette occasion
» du *Ruyter* perdue, il est matériellement
» impossible que le jeune Indien soit en
» France avant le 13 février de l'an prochain.

» Vous le voyez... vous avez ordonné, j'ai
» aveuglément agi selon les moyens dont je
» pouvais disposer ; ne considérant que la *fin*
» qui les justifiera, car il s'agissait, m'avez-
» vous dit, d'un intérêt immense pour la So-
» ciété.

» Entre vos mains j'ai été ce que nous de-
» vons être entre les mains de nos supé-
» rieurs... un instrument... puisqu'à la plus
» grande gloire de Dieu nos supérieurs *font*
» *de nous,* quant à la volonté, *des cadavres* (1).

» Laissons donc nier notre accord et notre
» puissance : les temps nous semblent con-

---

(1) On sait que la doctrine de l'obéissance passive et absolue, principal pivot de la Société de Jésus, se résume par ces terribles mots de Loyola mourant : *Tout membre de l'ordre sera, dans les mains de ses supérieurs,* COMME UN CADAVRE (PERINDE AC CADAVER).

» traires, mais les événements changent seuls ;
» nous, nous ne changeons pas.

» Obéissance et courage, secret et patience,
» ruse et audace, union et dévouement entre
» nous, qui avons pour patrie le monde, pour
» famille nos frères, et pour reine Rome.

» J. V. »

. . . .

A dix heures du matin environ, Mahal le contrebandier partit, avec cette dépêche cachetée, pour se rendre à bord du *Ruyter*.

Une heure après, le corps de Mahal le contrebandier, étranglé à la mode des Phansegars, était caché dans des joncs sur le bord d'une grève déserte, où il était allé chercher sa barque pour rejoindre *le Ruyter*.

Lorsque plus tard, après le départ de ce bâtiment, on retrouva le cadavre du contrebandier, M. Josué fit en vain chercher sur lui la volumineuse dépêche dont il l'avait chargé.

On ne retrouva pas non plus la lettre que Mahal devait remettre au capitaine du *Ruyter* afin d'être reçu comme passager.

Enfin, les fouilles et les battues ordonnées et exécutées dans le pays pour y découvrir Faringhea furent toujours vaines.

Jamais on ne revit à Java le dangereux chef des Étrangleurs.

CHAPITRE VII.

M. RODIN.

Trois mois se sont écoulés depuis que Djalma a été jeté en prison à Batavia, accusé d'appartenir à la secte meurtrière des Phansegars ou Étrangleurs. La scène suivante se passe en France, au commencement du mois de février 1832, au château de *Cardoville*, ancienne habitation féodale, située sur les hautes falaises de la côte de Picardie, non loin de Saint-Valery, dangereux parages où presque chaque année plusieurs navires se perdent corps et biens par les coups de vent de nord-ouest qui rendent la navigation de la Manche si périlleuse.

De l'intérieur du château on entend gronder une violente tempête qui s'est élevée pendant la nuit; souvent un bruit formidable, pareil à celui d'une décharge d'artillerie, tonne dans le lointain et est répété par les échos du rivage : c'est la mer qui se brise avec fureur sur les hautes falaises que domine l'antique manoir...

Il est environ sept heures du matin, le jour ne paraît pas encore à travers les fenêtres d'une grande chambre située au rez-de-chaussée du château; dans cet appartement éclairé par une lampe, une femme de soixante ans environ, d'une figure honnête et naïve, vêtue comme le sont les riches fermières de Picardie, est déjà occupée d'un travail de couture, malgré l'heure matinale. Plus loin, le mari de cette femme, à peu près du même âge qu'elle, assis devant une grande table, classe et renferme dans de petits sacs des échantillons de blé et d'avoine. La physionomie de cet homme à cheveux blancs est intelligente, ouverte; elle annonce le bon sens et la droiture égayés par une pointe de malice rustique; il porte un habit-veste de drap vert; de grandes guêtres de chasse en cuir fauve cachent à demi son pantalon de velours noir.

La terrible tempête qui se déchaîne au dehors semble rendre plus doux encore l'aspect de ce paisible tableau d'intérieur. Un excellent feu brille dans une grande cheminée de marbre blanc, et jette ses joyeuses clartés sur le parquet soigneusement ciré : rien de plus gai que l'aspect de la tenture et des rideaux d'ancienne toile perse à chinoiseries rouges sur fond blanc, et rien de plus riant que les dessus-de-porte représentant des bergerades dans le goût de Watteau. Une pendule de biscuit de Sèvres, des meubles de bois de rose incrustés de marqueterie verte, meubles pansus et ventrus, contournés et chantournés, complètent l'ameublement de cette chambre.

Au dehors la tempête continuait de gronder; quelquefois le vent s'engouffrait avec bruit dans la cheminée, ou ébranlait la fermeture des fenêtres. L'homme qui s'occupait de classer les échantillons de grains était M. Dupont, régisseur de la terre et du château de Cardoville.

— Sainte-Vierge! mon ami — lui dit sa

femme — quel temps affreux! Ce monsieur Rodin, dont l'intendant de madame la princesse de Saint-Dizier nous annonce l'arrivée pour ce matin, a bien mal choisi son jour.

— Le fait est que j'ai rarement entendu un ouragan pareil... si monsieur Rodin n'a jamais vu la mer en colère, il pourra aujourd'hui se régaler de ce spectacle.

— Qu'est-ce que ce monsieur Rodin peut venir faire ici, mon ami?

— Ma foi! je n'en sais rien; l'intendant de la princesse me dit, dans sa lettre, d'avoir pour monsieur Rodin les plus grands égards, de lui obéir comme à mes maîtres. Ce sera à monsieur Rodin de s'expliquer et à moi d'exécuter ses ordres, puisqu'il vient de la part de madame la princesse.

— A la rigueur, c'est de la part de mademoiselle Adrienne qu'il devrait venir... puisque la terre lui appartient depuis la mort de feu monsieur le comte-duc de Cardoville son père.

— Oui, mais la princesse est sa tante; son intendant fait les affaires de mademoiselle

Adrienne : que l'on vienne de sa part ou de celle de la princesse, c'est toujours la même chose.

— Peut-être monsieur Rodin a-t-il dessein d'acheter la terre... Pourtant cette grosse dame qui est venue de Paris exprès, il y a huit jours, pour voir le château, paraissait en avoir bien envie.

A ces mots, le régisseur se prit à rire d'un air narquois.

— Qu'est-ce que tu as donc à rire, Dupont ? — lui demanda sa femme très-bonne créature, mais qui ne brillait ni par l'intelligence ni par la pénétration.

— Je ris — répondit Dupont — parce que je pense à la figure et à la tournure de cette grosse... de cette énorme femme; que diable, quand on a cette mine-là on ne s'appelle pas madame de la *Sainte-Colombe*. Dieu de Dieu... quelle sainte et quelle colombe... elle est grosse comme un muid, elle a une voix de rogome, des moustaches grises comme un vieux grenadier, et, sans qu'elle s'en doute, je l'ai entendue dire à son domestique : *Allons donc, mon fiston...* Et elle s'appelle *Sainte-Colombe!*

— Que tu es singulier, Dupont! on ne choisit pas son nom... Et puis ce n'est pas sa faute, à cette dame, si elle a de la barbe.

— Oui, mais c'est sa faute si elle s'appelle de la Sainte-Colombe; tu t'imagines que c'est son vrai nom, toi... Ah! ma pauvre Catherine, tu es bien de ton village...

— Et toi, mon pauvre Dupont, tu ne peux pas t'empêcher d'être toujours, par-ci, par-là, un peu mauvaise langue; cette dame a l'air très-respectable... La première chose qu'elle a demandée en arrivant, ça a été la chapelle du château dont on lui avait parlé... Elle a même dit qu'elle y ferait des embellissements... Et quand je lui ai appris qu'il n'y avait pas d'église dans ce petit pays, elle a paru très-fâchée d'être privée de curé dans le village.

— Eh! mon Dieu oui, la première chose que font les parvenus, c'est de jouer à la dame de paroisse, à la grande dame.

— Madame de la Sainte-Colombe n'a pas besoin de faire la grande, puisqu'elle l'est.

— Elle! une grande dame?

— Mais oui. D'abord il n'y avait qu'à voir comme elle était bien mise avec sa robe ponceau et ses beaux gants violets comme ceux d'un évêque, et puis quand elle a ôté son chapeau, elle avait sur son tour de faux cheveux blonds, une ferronnière en diamants, des boutons de boucles d'oreilles en diamants gros comme le pouce, des bagues en diamants à tous les doigts. Ce n'est pas certainement une personne du petit monde qui mettrait tant de diamants en plein jour...

— Bien, bien, tu t'y connais joliment...

— Ce n'est pas tout...

— Bon... Quoi encore?

— Elle ne m'a parlé que de ducs, de marquis, de comtes, de messieurs très-riches qui fréquentaient chez elle, et qui étaient ses amis, et puis, comme elle me demandait en voyant le petit pavillon du parc qui a été dans le temps à demi brûlé par les Prussiens, et que feu M. le comte n'a jamais fait rebâtir : — Qu'est-ce que c'est donc que ces ruines-là? — je lui ai répondu : — Madame, c'est du temps des alliés que le pavillon a été incendié. — Ah! ma chère... — s'est-elle écriée — les alliés, ces bons alliés, ces chers alliés... c'est eux et la restauration qui ont commencé ma fortune.

— Alors, moi, vois-tu, Dupont, je me suis dit tout de suite : Bien sûr... c'est une ancienne émigrée.

— Madame de la Sainte-Colombe!... — s'écria le régisseur en éclatant de rire... — ah! ma pauvre femme! ma pauvre femme...

— Oh! toi, parce que tu as été trois ans à Paris, tu te crois un devin...

— Catherine, brisons là ; tu me ferais dire quelque sottise, et il y a des choses que d'honnêtes et excellentes créatures comme toi doivent toujours ignorer.

— Je ne sais pas ce que tu veux dire par là... mais tâche donc de ne pas être si mauvaise langue, car enfin si madame de la Sainte-Colombe achète la terre... tu seras bien content qu'elle te garde pour régisseur... n'est-ce pas?

— Ça, c'est vrai... car nous nous faisons vieux, ma bonne Catherine ; voilà vingt ans que nous sommes ici, nous sommes trop honnêtes pour avoir songé à grappiller pour nos vieux jours, et, ma foi... il serait dur à notre âge de chercher une autre condition que nous ne trouverions peut-être pas... Ah ! tout ce que je regrette, c'est que mademoiselle Adrienne ne garde pas la terre... car il paraît que c'est elle qui a voulu la vendre... et que madame la princesse n'était pas de cet avis-là.

— Mon Dieu, Dupont, tu ne trouves pas bien extraordinaire de voir mademoiselle Adrienne, à son âge, si jeune, disposer elle-même de sa grande fortune !

— Dame, c'est tout simple ; mademoiselle, n'ayant plus ni père ni mère, est maîtresse de son bien, sans compter qu'elle a une fameuse petite tête : te rappelles-tu, il y a dix ans, quand M. le comte l'a amenée ici, un été, quel démon !... quelle malice, et puis quels yeux ! hein, comme ils petillaient déjà !

— Le fait est que mademoiselle Adrienne avait alors dans le regard... une expression... enfin une expression bien extraordinaire pour son âge.

— Si elle a tenu ce que promettait sa mine lutine et chiffonnée, elle doit être bien jolie à présent, malgré la couleur un peu hasardée de ses cheveux, car, entre nous... si elle était une petite bourgeoise au lieu d'être une demoiselle de grande naissance, on dirait tout bonnement qu'elle est rousse.

— Allons, encore des méchancetés!

— Contre mademoiselle Adrienne, le ciel m'en préserve!... car elle avait l'air de devoir être aussi bonne que jolie... Ce n'est pas pour lui faire tort que je dis qu'elle est rousse... au contraire : car je me rappelle que ses cheveux étaient si fins, si brillants, si dorés, qu'ils allaient si bien à son teint blanc comme la neige et à ses yeux noirs, qu'en vérité on ne les aurait pas voulus autrement; aussi je suis sûr que maintenant cette couleur de cheveux, qui aurait nui à d'autres, rend la figure de mademoiselle Adrienne plus piquante encore : ça doit être une vraie mine de petit diable.

— Oh! pour diable, il faut être juste, elle l'était bien... toujours à courir dans le parc, à faire endêver sa gouvernante, à grimper aux arbres... enfin, à faire les cent coups.

— Je t'accorde que mademoiselle Adrienne était un diable incarné; mais que d'esprit, que de gentillesse, et surtout quel bon cœur, hein!

— Ça, pour bonne, elle l'était. Est-ce qu'une fois elle ne s'est pas avisée de donner son châle et sa robe de mérinos toute neuve, à une petite pauvresse ; tandis qu'elle-même revenait au château en jupon... et nu-bras...

— Tu vois, du cœur, toujours du cœur ; mais une tête... oh! une tête.

— Oui, une bien mauvaise tête ; aussi ça devait mal finir, car il paraît qu'elle fait à Paris des choses... mais des choses...

— Quoi donc?

— Ah! mon ami, je n'ose pas...

— Mais voyons...

— Eh bien — ajouta la digne femme avec une sorte d'embarras et de confusion qui prouvait combien tant d'énormités l'effrayaient — on dit que mademoiselle Adrienne ne met jamais le pied dans une église... qu'elle s'est logée toute seule dans un temple idolâtre au bout du jardin de l'hôtel de sa tante... qu'elle se fait servir par des femmes masquées qui l'habillent en déesse, et qu'elle les égratigne toute la journée, parce qu'elle se grise... Sans compter que toutes les nuits elle joue d'un cor de chasse en or massif... ce qui fait, tu le sens bien, le désespoir et la désolation de sa pauvre tante, la princesse.

Ici le régisseur partit d'un éclat de rire qui interrompit sa femme.

— Ah çà — lui dit-il quand son accès d'hilarité fut passé — qui t'a fait ces beaux contes-là sur mademoiselle Adrienne?

— C'est la femme de René, qui était allée à Paris pour chercher un nourrisson; elle a été à l'hôtel Saint-Dizier, pour voir madame Grivois, sa marraine... Tu sais, la première femme-de-chambre de madame la princesse... Eh bien! c'est elle, madame Grivois, qui lui a dit tout haut cela, et assurément elle doit être bien informée puisqu'elle est de la maison.

— Oui, encore une bonne pièce et une fine mouche que cette Grivois! Autrefois c'était la plus fière luronne, et maintenant elle fait comme sa maîtresse... la sainte-n'y-touche... la dévote; car, tel maître, tel valet... la princesse elle-même, qui, à cette heure, est si collet-monté, elle allait joliment bien dans le temps... hein!... Il y a une quinzaine d'années, quelle gaillarde! Te rappelles-tu ce beau colonel de hussards qui était en garnison à Abbeville... tu sais bien, cet émigré qui avait servi en Russie, et à qui les Bourbons avaient donné un régiment à la restauration?

— Oui, oui, je m'en souviens; mais tu es trop mauvaise langue.

— Ma foi, non! je dis la vérité; le colonel passait sa vie au château, et tout le monde disait qu'il était très-bien avec la Sainte-Princesse d'aujourd'hui... Ah! c'était le bon temps alors. Tous les soirs fête ou spectacle au château. Quel boute-en-train que ce colonel... comme il jouait bien la comédie... Je me rappelle...

Le régisseur ne put continuer.

Une grosse servante, portant le costume et le bonnet picards, entra précipitamment, et s'adressant à sa maîtresse :

— Madame... il y a là un bourgeois qui demande à parler tout de suite à monsieur; il arrive de Saint-Valery dans la carriole du maître de poste... il dit qu'il s'appelle monsieur Rodin.

— M. Rodin! — dit le régisseur en se levant — fais entrer tout de suite.

8.

. . . .

Un instant après, M. Rodin entra ; il était, selon sa coutume, plus que modestement vêtu : il salua très-humblement le régisseur et sa femme; celle-ci, sur un signe de son mari, disparut.

La figure cadavéreuse de M. Rodin, ses lèvres presque invisibles, ses petits yeux de reptile à demi voilés par sa flasque paupière supérieure, ses vêtements presque sordides lui donnaient une physionomie très-peu engageante; pourtant cet homme, lorsqu'il le fallait, savait, avec un art diabolique, affecter tant de bonhomie, tant de sincérité, sa parole devenait si affectueuse, si subtilement pénétrante, que peu à peu l'impression désagréable, répugnante, que son aspect inspirait d'abord, s'effaçait, et presque toujours il finissait par enlacer invinciblement sa dupe ou sa victime dans les replis tortueux de sa faconde aussi souple que mielleuse et perfide; car on dirait que le laid et le mal ont leur fascination comme le beau et le bien... L'honnête régisseur regardait cet homme avec surprise ; en songeant aux pressantes recommandations de l'intendant de la princesse de Saint-Dizier, il s'attendait à voir un tout autre personnage; aussi, pouvant à peine dissimuler son étonnement, il lui dit :

— C'est bien à monsieur Rodin que j'ai l'honneur de parler?

— Oui, monsieur... et voici une nouvelle lettre de l'intendant de madame la princesse de Saint-Dizier.

— Veuillez, je vous en prie, monsieur, pendant que je vais lire cette lettre, vous approcher du feu... il fait un temps si mauvais — dit le régisseur avec empressement ; — pourrait-on vous offrir quelque chose?

— Mille remercîments, mon cher monsieur... je repars dans une heure...

Pendant que M. Dupont lisait, M. Rodin jetait un regard interrogateur sur l'intérieur de cette chambre; car, en homme habile, il tirait souvent des inductions très-justes et très-utiles de certaines apparences, qui souvent révèlent un goût, une habitude, et donnent ainsi quelque notion caractéristique. Mais cette fois sa curiosité fut en défaut.

— Fort bien, monsieur — dit le régisseur après avoir lu. — M. l'intendant me renouvelle la recommandation de me mettre absolument à vos ordres.

— Ils se bornent à peu de chose, et je ne vous dérangerai pas long-temps...

— Monsieur... c'est un honneur pour moi...

— Mon Dieu! je sais combien vous devez être occupé, car en entrant dans ce château on est frappé de l'ordre, de la parfaite tenue qui y règne; ce qui prouve, mon cher monsieur, toute l'excellence de vos soins.

— Monsieur... certainement... vous me flattez.

— Vous flatter!... un pauvre vieux bonhomme comme moi ne pense guère à cela;... mais revenons à notre affaire. Il y a ici une chambre appelée la chambre verte?

— Oui, monsieur, c'est la chambre qui servait de cabinet de travail à feu M. le comte-duc de Cardoville.

— Vous aurez la bonté de m'y conduire...

— Monsieur, c'est malheureusement impossible... Après la mort de M. le comte et la levée des scellés, on a serré beaucoup de papiers dans un meuble de cette chambre, et les gens d'affaires ont emporté les clefs à Paris...

— Ces clefs... les voici — dit M. Rodin en montrant au régisseur une grande et une petite clefs attachées ensemble.

— Ah! monsieur... c'est différent... vous venez chercher les papiers?

— Oui... certains papiers... ainsi qu'une petite cassette de bois des îles, garnie de fermetures en argent... connaissez-vous cela?

— Oui, monsieur... je l'ai vue souvent sur la table de travail de M. le comte... elle doit se trouver dans le grand meuble de laque dont vous avez la clef...

— Vous voudrez donc bien me conduire dans cette chambre, d'après l'autorisation de madame la princesse de Saint-Dizier...

— Oui, monsieur... Et madame la princesse se porte bien?

— Parfaitement... elle est toujours toute en Dieu...

— Et mademoiselle Adrienne?..

— Hélas, mon cher monsieur!!.. — dit

M. Rodin en poussant un soupir contrit et douloureux.

— Ah! mon Dieu... monsieur... est-ce qu'il serait arrivé malheur à cette bonne mademoiselle Adrienne?

— Comment l'entendez-vous ?

— Est-ce qu'elle serait malade?

— Non... non... elle est malheureusement aussi bien portante qu'elle est belle...

— Malheureusement?.. — dit le régisseur surpris.

— Hélas, oui! car, lorsque la beauté, la jeunesse et la santé se joignent à un désolant esprit de révolte et de perversité... à un caractère... qui n'a sûrement pas son pareil sur la terre... il vaudrait mieux être privé de ces dangereux avantages... qui deviennent autant de causes de perdition... Mais, je vous en conjure, mon cher monsieur, parlons d'autres choses... Ce sujet m'est trop pénible... — dit M. Rodin d'une voix profondément émue, et il porta le bout de son petit doigt gauche au coin de son œil droit comme pour y sécher une larme naissante.

Le régisseur ne vit pas la larme, mais il vit

le mouvement, et il fut frappé de l'altération de la voix de M. Rodin. Aussi reprit-il d'un ton pénétré :

— Monsieur... pardonnez-moi mon indiscrétion... je ne savais pas...

— C'est moi qui vous demande pardon de cet attendrissement involontaire... les larmes sont rares chez les vieillards... mais si vous aviez vu comme moi le désespoir de cette excellente princesse... qui n'a eu qu'un tort, celui d'avoir été trop bonne... trop faible pour sa nièce... et d'avoir ainsi encouragé ses... Mais, encore une fois, parlons d'autre chose, mon cher monsieur.

Après un moment de silence, pendant lequel M. Rodin parut se remettre de son émotion, il dit à Dupont :

— Voici, mon cher monsieur, quant à la chambre verte, une partie de ma mission accomplie; il en reste une autre... Avant d'y arriver, je dois vous rappeler une chose que vous avez peut-être oubliée... à savoir qu'il y a quinze ou seize ans M. le marquis d'Aigrigny, alors colonel de hussards, en garnison à Abbeville... a passé quelque temps ici.

— Ah, monsieur! quel bel officier! j'en parlais encore tout à l'heure à ma femme! C'était la joie du château; et comme il jouait bien la comédie, surtout les mauvais sujets : tenez, dans les *Deux Edmond,* il était à mourir de rire, dans le rôle du soldat qui est gris... et avec ça une voix charmante... il a chanté ici *Joconde*, monsieur, comme on ne le chanterait pas à Paris.

Rodin, après avoir complaisamment écouté le régisseur, lui dit :

— Vous savez sans doute qu'après un duel terrible qu'il eut avec un forcené bonapartiste, nommé le général Simon, M. le colonel marquis d'Aigrigny (dont à cette heure j'ai l'honneur d'être le secrétaire intime) a quitté le monde pour l'église...

— Ah, monsieur!... est-ce possible.... ce beau colonel...

— Ce beau colonel, brave, noble, riche, fêté, a abandonné tant d'avantages pour endosser une pauvre robe noire; et malgré son nom, sa position, ses alliances, sa réputation de grand prédicateur il est aujourd'hui ce qu'il était il y a quatorze ans... simple abbé...

au lieu d'être archevêque ou cardinal comme tant d'autres qui n'avaient ni son mérite, ni ses vertus...

M. Rodin s'exprimait avec tant de bonhomie, tant de conviction; les faits qu'il citait semblaient si incontestables, que M. Dupont ne put s'empêcher de s'écrier :

— Mais, monsieur, c'est superbe, cela...

— Superbe... mon Dieu non — dit M. Rodin avec une inimitable expression de naïveté, — c'est tout simple... quand on a le cœur de M. d'Aigrigny... Mais parmi ses qualités il a surtout celle de ne jamais oublier les braves gens, les gens de probité, d'honneur, de conscience... c'est dire, mon bon monsieur Dupont, qu'il s'est souvenu de vous.

— Comment, M. le marquis a daigné...

— Il y a trois jours j'ai reçu une lettre de lui, où il me parlait de vous.

— Il est donc à Paris?

— Il y sera d'un moment à l'autre; depuis environ trois mois il est parti pour l'Italie... il a, pendant ce voyage, appris une bien cruelle nouvelle... la mort de madame sa mère, qui avait été passer l'automne dans une des terres de madame la princesse de Saint-Dizier.

— Ah mon Dieu... j'ignorais!

— Oui, ç'a été un cruel chagrin pour lui : mais il faut savoir se résigner aux volontés de la Providence.

— Et à propos de quoi M. le marquis me faisait-il l'honneur de vous parler de moi?

— Je vais vous le dire... d'abord, il faut que vous sachiez que ce château est vendu... le contrat a été signé la veille de mon départ de Paris...

— Ah, monsieur! vous renouvelez toutes mes inquiétudes...

— En quoi?

— Je crains que les nouveaux propriétaires ne me gardent pas comme régisseur.

— Voyez un peu quel heureux hasard! c'est justement à propos de cette place que je veux vous entretenir...

— Il serait possible...

— Certainement, sachant l'intérêt que M. le marquis vous porte, je désirerais beaucoup, mais beaucoup, que vous pussiez conserver cette place, je ferai tout mon possible pour vous servir si...

— Ah, monsieur — s'écria Dupont en interrompant Rodin — que de reconnaissance! c'est le ciel qui vous envoie...

— A votre tour... vous me flattez, mon cher monsieur; d'abord je dois vous avouer que je suis obligé de mettre une condition... à mon appui.

— Oh! qu'à cela ne tienne, monsieur! parlez... parlez...

— La personne qui doit venir habiter ce château est une vieille dame digne de vénération à tous égards; madame de la Sainte-Colombe, c'est le nom de cette respectable...

— Comment — dit le régisseur en interrompant Rodin — monsieur... c'est cette dame-là qui a acheté le château? madame de la Sainte-Colombe...

— Vous la connaissez donc?

— Oui, monsieur, elle est venue voir la terre il y a huit jours... Ma femme soutient que c'est une grande dame... mais entre nous... à certains mots que je lui ai entendu dire...

— Vous êtes rempli de pénétration, mon

bon monsieur Dupont... Madame de la Sainte-Colombe n'est pas une grande dame, tant s'en faut... je crois qu'elle était simplement marchande de modes sous les galeries de bois du Palais-Royal. Vous voyez que je vous parle à cœur ouvert.

— Et elle qui se vantait que des seigneurs français et étrangers fréquentaient sa maison dans ce temps-là !

— C'est tout simple, ils venaient sans doute lui commander des chapeaux pour leurs femmes ; toujours est-il qu'après avoir amassé une grande fortune... et avoir été dans sa jeunesse et dans son âge mûr... indifférente... hélas ! plus qu'indifférente au salut de son âme, madame de la Sainte-Colombe est, à cette heure, dans une voie excellente et méritoire... C'est ce qui la rend, ainsi que je vous le disais, digne de vénération à tous égards, car rien n'est plus respectable qu'un repentir sincère... et durable... Mais, pour que son salut se fasse d'une manière efficace, nous avons besoin de vous, mon cher monsieur Dupont.

— De moi, monsieur... et que puis-je ?..

— Vous pouvez beaucoup, voici comment :

il n'y a pas d'église dans ce hameau qui se trouve à égale distance de deux paroisses ; madame de la Sainte-Colombe, voulant faire un choix entre leurs deux desservants, s'informera nécessairement auprès de vous et de madame Dupont, qui habitez depuis longtemps le pays...

— Oh ! le renseignement ne sera pas long à donner... le curé de Danicourt est le meilleur des hommes.

— C'est justement ce qu'il ne faudrait pas dire à madame de la Sainte-Colombe.

— Comment?

— Il faudrait, au contraire, lui vanter beaucoup et sans cesse M. le curé de Roiville, l'autre paroisse, afin de décider cette chère dame à lui confier son salut...

— Pourquoi à celui-là plutôt qu'à l'autre, monsieur?

— Pourquoi, je vais vous le dire; si vous et madame Dupont parvenez à amener madame de la Sainte-Colombe à faire le choix que je désire, vous êtes certain d'être conservé ici comme régisseur... Je vous en donne ma parole d'honneur; et... ce que je promets, je le tiens.

— Je ne doute pas, monsieur, que vous ayez ce pouvoir — dit Dupont convaincu par l'accent et par l'autorité des paroles de Rodin — mais je voudrais savoir...

— Un mot encore — dit Rodin en l'interrompant — je dois, je veux jouer cartes sur table et vous dire pourquoi j'insiste sur la préférence que je vous prie d'appuyer. Je serais désolé que vous vissiez dans tout ceci l'ombre d'une intrigue. Il s'agit simplement d'une bonne action. Le curé de Roiville, pour qui je réclame votre appui, est un homme auquel M. l'abbé d'Aigrigny s'intéresse particulièrement. Quoique très-pauvre, il soutient sa vieille mère. S'il était chargé du salut de madame de la Sainte-Colombe, il y travaillerait plus efficacement que tout autre; car il est plein d'onction et de patience : et puis, il est évident que par cette digne dame il y aurait quelques petites douceurs dont sa vieille mère profiterait... Voilà le secret de cette grande machination. Lorsque j'ai su que cette dame était disposée à acheter cette terre voisine de

la paroisse de votre protégé, je l'ai écrit à
M. le marquis ; il s'est souvenu de vous et il
m'a écrit de vous prier de lui rendre ce petit
service, qui, vous le voyez, ne sera pas stérile.
Car, je vous le répète, et je vous le prouverai,
j'ai le pouvoir de vous faire conserver comme
régisseur.

— Tenez, monsieur — reprit Dupont après
un moment de réflexion — vous êtes si franc,
si obligeant, que je vais imiter votre franchise. Autant le curé de Danicourt est respectable et aimé dans le pays, autant celui de
Roiville, que vous me priez de lui faire préférer... est redouté pour son intolérance...
Et puis...

— Et puis...

— Et puis, enfin, on dit...

— Voyons... que dit-on ?

— On dit que... c'est un jésuite.

A ces mots M. Rodin partit d'un éclat de
rire si franc, que le régisseur en resta stupéfait ; car la figure de M. Rodin avait une singulière expression lorsqu'il riait...

— Un jésuite!!! — répétait M. Rodin en
redoublant d'hilarité — un jésuite... Ah çà,

mon cher monsieur Dupont, comment vous, homme de bon sens, d'expérience et d'intelligence, allez-vous croire à ces sornettes?.. Un jésuite!.. est-ce qu'il y a des jésuites?.. dans ce temps-ci surtout... pouvez-vous croire à ces histoires de jacobins, à ces croquemitaines du vieux libéralisme? Allons donc, je parie que vous aurez lu cela... dans *le Constitutionnel!*

— Pourtant monsieur... on dit...

— Mon Dieu... on dit tant de choses... Mais des hommes sages, des hommes éclairés comme vous, ne s'inquiètent pas des *on dit*, ils s'occupent avant tout de faire leurs petites affaires sans nuire à personne, ils ne sacrifient pas à des niaiseries une bonne place qui assure leur existence jusqu'à la fin de leurs jours; car, franchement, si vous ne parveniez pas à faire préférer mon protégé par madame de la Sainte-Colombe, je vous déclare, à regret, que vous ne resteriez pas régisseur ici.

— Mais, monsieur — dit le pauvre Dupont — ce ne sera pas ma faute si cette dame, entendant vanter l'autre curé, le préfère à votre protégé.

— Oui; mais si, au contraire, des personnes habitant depuis long-temps le pays... des personnes dignes de toute confiance... et qu'elle verrait chaque jour... disaient à madame de la Sainte-Colombe beaucoup de bien de mon protégé, et un mal affreux de l'autre desservant, elle préférerait mon protégé, et vous resteriez régisseur.

— Mais, monsieur... c'est de la calomnie... cela!.. — s'écria Dupont.

— Ah, mon cher monsieur Dupont — dit M. Rodin d'un air affligé et d'un ton d'affectueux reproche — comment pouvez-vous me croire capable de vous donner un si vilain conseil?.. C'est une simple supposition que je fais. Vous désirez rester régisseur de cette terre, je vous en offre le moyen, le moyen certain... c'est à vous de vous consulter et d'aviser.

— Mais, monsieur...

— Un mot encore... ou plutôt encore une condition. Celle-là est aussi importante que l'autre... On a vu malheureusement des ministres du Seigneur abuser de l'âge et de la faiblesse d'esprit de leurs pénitentes pour se faire indirectement avantager, eux.. ou d'autres personnes; je crois notre protégé incapable d'une telle bassesse... Cependant, pour mettre à couvert ma responsabilité et surtout... la vôtre... puisque vous auriez contribué à faire agréer ma créature, je désire que deux fois par semaine vous m'écriviez dans les plus grands détails tout ce que vous aurez remarqué dans le caractère, les habitudes, les relations, les lectures même de madame de la Sainte-Colombe; car, voyez-vous, l'influence d'un directeur se révèle dans tout l'ensemble de la vie, et je désire être complétement édifié sur la conduite de mon protégé sans qu'il s'en doute... De sorte que si vous étiez frappé de quelque chose qui vous parût blâmable, j'en serais aussitôt instruit par votre correspondance hebdomadaire très-détaillée.

— Mais, monsieur, c'est de l'espionnage...
— s'écria le malheureux régisseur.

— Ah, mon cher monsieur Dupont... pouvez-vous flétrir ainsi l'un des plus doux, des plus sains penchants de l'homme... la *confiance*... car je ne vous demande rien autre chose... que de m'écrire en confiance tout ce qui se passera ici dans les moindres détails...

A ces deux conditions, inséparables l'une de l'autre, vous restez régisseur... sinon j'aurais la douleur... le regret d'être forcé d'en faire donner un autre à madame de la Sainte-Colombe.

— Monsieur... je vous en conjure — dit Dupont avec émotion — soyez généreux sans condition... Moi et ma femme nous n'avons que cette place pour vivre, et nous sommes trop vieux pour en trouver une autre... Ne mettez pas une probité de quarante ans aux prises avec la peur de la misère, qui est si mauvaise conseillère...

— Mon cher monsieur Dupont, vous êtes un grand enfant, réfléchissez,... dans huit jours vous me rendrez réponse...

— Ah, monsieur! par pitié!!!

Cet entretien fut interrompu par un bruit retentissant que répétèrent bientôt les échos des falaises.

— Qu'est-ce que cela? — dit M. Rodin.

A peine avait-il parlé que le même bruit se répéta avec encore plus de sonorité.

— Le canon...—s'écria Dupont en se levant — c'est le canon, c'est sans doute un navire qui demande du secours, ou qui appelle un pilote.

— Mon ami — dit la femme du régisseur en entrant brusquement — de la terrasse on voit en mer un bateau à vapeur et un bâtiment à voiles presque entièrement démâté;... les vagues les poussent à la côte; le trois-mâts tire le canon de détresse... il est perdu.

— Ah! c'est terrible!.. et ne pouvoir rien... rien qu'assister à un naufrage! — s'écria le régisseur en prenant son chapeau, et se préparant à sortir.

— N'y a-t-il donc aucun secours à donner à ces bâtiments? — demanda M. Rodin.

— Du secours... s'ils sont entraînés sur ces récifs... aucune puissance humaine ne pourra les sauver; depuis l'équinoxe, deux navires se sont déjà perdus sur cette côte.

— Perdus... corps et biens! Ah, c'est affreux! — dit M. Rodin.

— Par cette tempête, il reste malheureusement aux passagers peu de chance de salut; il n'importe — dit le régisseur en s'adressant à sa femme — je cours sur les falaises avec les gens de la ferme, essayer de sauver quelques-uns de ces malheureux : fais faire grand feu dans plusieurs chambres... prépare du linge, des vêtements, des cordiaux... Je n'ose espérer un sauvetage... mais enfin il faut tenter... Venez-vous avec moi, monsieur Rodin ?

— Je m'en ferais un devoir, si je pouvais vous être bon à quelque chose ; mais mon âge... ma faiblesse me rendent de bien peu de secours — dit Rodin, qui ne se souciait nullement d'affronter la tempête. — Madame votre femme voudra bien m'enseigner où est la chambre verte, j'y prendrai les objets que je viens chercher, et je repartirai à l'instant pour Paris, car je suis très-pressé.

— Soit, monsieur ; Catherine va vous conduire. Et toi, fais sonner la grosse cloche... — dit le régisseur à sa servante ; — que tous les gens de la ferme viennent me retrouver au pied des falaises avec des cordes et des leviers.

— Oui, mon ami ; mais ne t'expose pas.

— Embrasse-moi, ça me portera bonheur — dit le régisseur.

Puis il sortit en courant et en disant :

— Vite... vite, à cette heure il ne reste peut-être pas une planche des navires !

— Ma chère madame, auriez-vous l'obligeance de me conduire à la chambre verte? — dit Rodin toujours impassible.

— Veuillez me suivre, monsieur — dit Catherine en essuyant ses larmes : car elle tremblait pour le sort de son mari, dont elle connaissait le courage.

CHAPITRE VIII.

LA TEMPÊTE.

La mer est affreuse...

Des lames immenses d'un vert-sombre marbré d'écume blanche, dessinent leurs ondulations, tour à tour hautes et profondes, sur une large bande de lumière rouge qui s'étend à l'horizon.

Au-dessus s'entassent de lourdes masses de nuages d'un noir bitumineux; chassées par la violence du vent, quelques folles nuées d'un gris rougeâtre courent sur ce ciel lugubre.

Le pâle soleil d'hiver, avant de disparaître au milieu des grands nuages derrière lesquels il monte lentement, jetant quelques reflets obliques sur la mer en tourmente, dore çà et là les crêtes transparentes des vagues les plus élevées.

Une ceinture d'écume neigeuse bouillonne et tourbillonne à perte de vue sur les récifs dont cette côte âpre et dangereuse est hérissée.

Au loin, à mi-côte d'un promontoire de roches, assez avancé dans la mer, s'élève le château de Cardoville ; un rayon de soleil fait flamboyer ses vitres, ses murailles de briques, et ses toits d'ardoise aigus se dressent au milieu de ce ciel chargé de vapeurs.

Un grand navire désemparé, ne naviguant plus que sous des lambeaux de voiles fixés à des tronçons de mâts, dérive vers la côte.

Tantôt il roule sur la croupe monstrueuse des vagues, tantôt il plonge au fond de leurs abîmes.

Un éclair brille... il est suivi d'un bruit sourd à peine perceptible au milieu du fracas de la tempête... Ce coup de canon est le dernier signal de détresse de ce bâtiment, qui se perd et court malgré lui sur la côte.

A ce moment, un bateau à vapeur, surmonté de son panache de noire fumée, venait de l'est et allait dans l'ouest ; faisant tous ses efforts pour se maintenir éloigné de la côte, il laissait les récifs à sa gauche.

Le navire démâté devait, d'un instant à l'autre, passer à l'avant du bateau à vapeur, en courant sur les roches où le poussaient le vent et la marée.

Tout à coup un violent coup de mer coucha le bateau à vapeur sur le flanc; la vague énorme, furieuse, s'abattit sur le pont; en une seconde la cheminée fut renversée, le tambour brisé, une des roues de la machine mise hors de service;... une seconde lame, succédant à la première, prit encore le bâtiment par le travers, et augmenta tellement les avaries, que, ne gouvernant plus, il alla bientôt à la côte... dans la même direction que le trois-mâts.

Mais celui-ci, quoique plus éloigné des récifs, offrant au vent et à la mer une plus grande surface que le bateau à vapeur, le gagnait de vitesse dans leur dérive commune, et il s'en rapprocha bientôt assez pour qu'il y eût à craindre un abordage entre les deux bâtiments... nouveau danger ajouté à toutes les horreurs d'un naufrage alors certain.

Le trois-mâts, navire anglais, nommé *le Black-Eagle,* venait d'Alexandrie, d'où il amenait des passagers qui, arrivés de l'Inde et de Java par la mer Rouge sur le bateau à vapeur *le Ruyter,* avaient quitté ce bâtiment pour traverser l'isthme de Suez. *Le Black-Eagle,* en sortant du détroit de Gibraltar, avait été relâcher aux *Açores,* d'où il arrivait alors... Il faisait voile pour *Portsmouth* lorsqu'il fut assailli par le coup de vent du nord-ouest qui régnait alors dans la Manche.

Le bateau à vapeur, nommé *le Guillaume-Tell,* arrivait d'Allemagne par l'Elbe; après avoir passé à Hambourg, il se dirigeait vers le Havre.

Ces deux bâtiments, jouets de lames énormes, poussés par la tempête, entraînés par la marée, couraient sur les récifs avec une effrayante rapidité.

Le pont de chaque navire offrait un spectacle terrible; la mort de tous les passagers paraissait certaine, car une mer affreuse se brisait sur des roches vives au pied d'une falaise à pic.

Le capitaine du *Black-Eagle*, debout à l'arrière, se tenant à un débris de mâture, donnait dans cette extrémité terrible ses derniers ordres avec un courageux sang-froid. Les embarcations avaient été enlevées par les lames. Il ne fallait pas songer à mettre la chaloupe à flot; la seule chance de salut, dans le cas où le navire ne se briserait pas tout d'abord en touchant le banc des roches, était d'établir, au moyen d'un câble porté sur les roches, un *va-et-vient*, sorte de communication des plus dangereuses entre la terre et les débris d'un navire.

Le pont était couvert de passagers dont les cris et l'épouvante augmentaient encore la confusion générale.

Les uns, frappés de stupeur, cramponnés aux râteliers des haubans, attendaient la mort avec une insensibilité stupide; d'autres se tordaient les mains avec désespoir, ou se roulaient sur le pont en poussant des imprécations terribles.

Ici, des femmes priaient agenouillées;

d'autres cachaient leurs figures dans leurs mains, comme pour ne pas voir les sinistres approches de la mort : une jeune mère, pâle comme un spectre, tenant son enfant étroitement serré contre son sein, allait, suppliante, d'un matelot à l'autre, offrant, à qui se chargerait de sauver son fils, une bourse pleine d'or et des bijoux qu'elle venait d'aller chercher.

Ces cris, ces frayeurs, ces larmes, contrastaient avec la résignation sombre et taciturne des marins. Reconnaissant l'imminence d'un danger aussi effrayant qu'inévitable, les uns, se dépouillant d'une partie de leurs vêtements, attendaient le moment de tenter un dernier effort pour disputer leur vie à la fureur des vagues; d'autres, renonçant à tout espoir, bravaient la mort avec une indifférence stoïque.

Çà et là des épisodes touchants ou terribles se dessinaient, si cela peut se dire, sur un fond de sombre et morne désespoir.

Un jeune homme de dix-huit à vingt ans environ, aux cheveux noirs et brillants, au teint cuivré, aux traits d'une régularité, d'une beauté parfaite, contemplait cette scène de désolation et de terreur avec ce calme triste, particulier à ceux qui ont souvent bravé de grands périls; enveloppé d'un manteau, le dos appuyé aux bastingages, il arc-boutait ses pieds sur une des pièces de bois de la drome. Tout à coup la malheureuse mère qui, son enfant dans ses bras, et de l'or dans sa main, s'était déjà en vain adressée à quelques matelots pour les supplier de sauver son fils, avisant le jeune homme au teint cuivré, se jeta à ses genoux et lui tendit son enfant avec un élan de désespoir inexprimable... Le jeune homme le prit, secoua tristement la tête en montrant les vagues furieuses à cette femme éplorée... mais d'un geste expressif il sembla lui promettre d'essayer de le sauver... Alors la jeune mère, dans une folle ivresse d'espoir, se mit à baigner de larmes les mains du jeune homme au teint cuivré.

Plus loin un autre passager du *Black-Eagle* paraissait animé de la pitié la plus active.

On lui eût donné vingt-cinq ans à peine. De longs cheveux blonds et bouclés flottaient autour de sa figure angélique. Il portait une soutane noire et un rabat blanc. S'attachant aux plus désespérés, allant de l'un à l'autre, il leur disait de pieuses paroles d'espérance ou de résignation; à l'entendre consoler ceux-ci, encourager ceux-là, dans un langage rempli d'onction, de tendresse et d'ineffable charité, on l'eût dit étranger ou indifférent aux périls qu'il partageait.

Sur cette suave et belle figure on lisait une intrépidité froide et sainte, un religieux détachement de toute pensée terrestre; de temps à autre il levait ses grands yeux bleus rayonnants de reconnaissance, d'amour et de sérénité, comme pour remercier Dieu de l'avoir mis à une de ces épreuves formidables où l'homme rempli de cœur et de bravoure peut se dévouer pour ses frères, et, sinon les sauver tous, du moins mourir avec eux en leur montrant le ciel... Enfin on eût dit un ange envoyé par le Créateur pour rendre moins cruels les coups d'une inexorable fatalité...

Opposition bizarre! non loin de ce jeune homme beau comme un archange, on voyait un être qui ressemblait au démon du mal.

Hardiment monté sur le tronçon du mât de

beaupré, où il se tenait à l'aide de quelques débris de cordages, cet homme dominait la scène terrible qui se passait sur le pont.

Une joie sinistre, sauvage, éclatait sur son front jaune et mat, teinte particulière aux gens issus d'un blanc et d'une créole métisse; il ne portait qu'une chemise et un caleçon de toile; à son cou était suspendu par un cordon un rouleau de fer-blanc, pareil à celui dont se servent les soldats pour serrer leur congé.

Plus le danger augmentait, plus le trois-mâts menaçait d'être jeté sur les récifs ou d'aborder le bateau à vapeur, dont il s'approchait rapidement (abordage terrible, qui devait faire sombrer les deux bâtiments avant même qu'ils eussent échoué au milieu des roches), plus la joie infernale de ce passager se révélait par d'effrayants transports. Il semblait hâter avec une féroce impatience l'œuvre de destruction qui allait s'accomplir.

A le voir ainsi se repaître avidement de toutes les angoisses, de toutes les terreurs, de tous les désespoirs qui s'agitaient devant lui, on l'eût pris pour l'apôtre de l'une de ces sanglantes divinités qui, dans les pays barbares, président au meurtre et au carnage.

Bientôt *le Black-Eagle,* poussé par le vent et par des vagues énormes, arriva si près du *Guillaume-Tell,* que de ce bâtiment l'on pouvait distinguer les passagers rassemblés sur le pont du bateau à vapeur aussi presque désemparé.

Ses passagers n'étaient plus qu'en petit nombre.

Le coup de mer, en emportant le tambour et en brisant une des roues de la machine, avait aussi emporté presque tout le plat-bord du même côté; les vagues, entrant à chaque instant par cette large brèche, balayaient le pont avec une violence irrésistible, et chaque fois enlevaient quelque victime.

Parmi les passagers qui semblaient n'avoir échappé à ce danger que pour être broyés contre les rochers ou écrasés sous le choc des deux navires, dont la rencontre devenait de plus en plus imminente, un groupe était surtout digne du plus tendre, du plus douloureux intérêt.

Réfugié à l'arrière, un grand vieillard au

front chauve, à la moustache grise, avait enroulé autour de son corps un bout de cordage, et, ainsi solidement amarré le long de la muraille du navire, il enlaçait de ses bras et serrait avec force contre sa poitrine deux jeunes filles de quinze à seize ans à demi enveloppées dans une pelisse de peau de renne;... un grand chien fauve, ruisselant d'eau et aboyant avec fureur contre les lames, était à leurs pieds.

Ces jeunes filles, entourées du bras du vieillard, se pressaient encore l'une contre l'autre; mais, loin de s'égarer autour d'elles avec épouvante, leurs yeux se levaient vers le ciel, comme si, pleines d'une confiance et d'une espérance ingénues, elles se fussent attendues à être sauvées par l'intervention d'une puissance surnaturelle.

Un épouvantable cri d'horreur, de désespoir, poussé à la fois par tous les passagers des deux navires, retentit tout à coup au-dessus du fracas de la tempête.

Au moment où, plongeant profondément entre deux lames, le bateau à vapeur offrait son travers à l'avant du trois-mâts, celui-ci, enlevé à une hauteur prodigieuse par une montagne d'eau, se trouva pour ainsi dire suspendu au-dessus du *Guillaume-Tell* pendant la seconde qui précéda le choc de ces deux bâtiments...

Il est de ces spectacles d'une horreur sublime... impossibles à rendre.

Mais, durant ces catastrophes promptes comme la pensée, on surprend parfois des tableaux si rapides, que l'on croit les avoir aperçus à la lueur d'un éclair.

Ainsi, lorsque *le Black-Eagle,* soulevé par les flots, allait s'abattre sur *le Guillaume-Tell,* le jeune homme à figure d'archange, aux cheveux blonds flottants, se tenait debout à l'avant du trois-mâts, prêt à se précipiter à la mer pour sauver quelque victime...

Tout à coup il aperçut à bord du bateau à vapeur, qu'il dominait de toute l'élévation d'une vague immense, il aperçut les deux jeunes filles étendant vers lui leurs bras suppliants...

Elles semblaient le reconnaître et le contemplaient avec une sorte d'extase, d'adoration religieuse !

Pendant une seconde, malgré le fracas de la tempête, malgré l'approche du naufrage, les regards de ces trois êtres se rencontrèrent...

Les traits du jeune homme exprimèrent alors une commisération subite, profonde; car les deux jeunes filles, les mains jointes, l'imploraient comme un sauveur attendu...

Le vieillard, renversé par la chute d'un bordage, gisait sur le pont.

Bientôt tout disparut.

Une effrayante masse d'eau lança impétueusement *le Black-Eagle* sur *le Guillaume-Tell* au milieu d'un nuage d'écume bouillonnante.

A l'effroyable écrasement de ces deux masses de bois et de fer, qui, broyées l'une contre l'autre, sombrèrent aussitôt, se joignit seulement un grand cri...

Un cri d'agonie et de mort.

Un seul cri poussé par cent créatures humaines s'abîmant à la fois dans les flots...

Et puis l'on ne vit plus rien...

Quelques moments après, dans le creux ou sur la cime des vagues... on put apercevoir les débris des deux bâtiments; et çà et là les bras crispés, la figure livide et désespérée de quelques malheureux tâchant de gagner les récifs de la côte au risque d'y être écrasés sous le choc des lames qui s'y brisaient avec fureur.

CHAPITRE IX.

LES NAUFRAGÉS.

Pendant que le régisseur était allé sur le bord de la mer pour porter secours à ceux des passagers qui auraient pu échapper à un naufrage inévitable, M. Rodin, conduit par Catherine à la chambre verte, y avait pris les objets qu'il devait rapporter à Paris.

Après deux heures passées dans cette chambre, fort indifférent au sauvetage qui préoccupait les habitants du château, Rodin revint dans la pièce occupée par le régisseur, pièce qui aboutissait à une longue galerie. Lorsqu'il y entra, il n'y trouva personne ; il tenait sous son bras une petite cassette de bois des îles garnie de fermoirs en argent noircis par les années. Sa redingote à demi boutonnée laissait voir la partie supérieure d'un grand portefeuille de maroquin rouge placé dans sa poche de côté.

Si la figure froide et livide du secrétaire de l'abbé d'Aigrigny avait pu exprimer sa joie autrement que par un sourire ironique, ses traits eussent été rayonnants : car dans ce moment il se trouvait sous le charme des plus agréables pensées.

Après avoir posé la cassette sur une table, il se disait avec une satisfaction profonde :

— Tout va bien; il a été plus prudent de laisser ces papiers ici, jusqu'à ce moment : car il faut toujours être en défiance de l'esprit diabolique de cette Adrienne de Cardoville, qui semble deviner ce qu'il est impossible qu'elle sache. Heureusement... l'instant approche où nous n'aurons plus à la redouter; son sort sera cruel, il le faut. Ces natures indépendantes et fières sont déjà nos ennemies nées... par l'espèce même de leur caractère. Qu'est-ce donc, lorsqu'elles nous sont particulièrement nuisibles ou dangereuses?.. Quant à la Sainte-Colombe, le régisseur est à nous ;

entre ce que cet imbécile appelle sa conscience, et la peur d'être à son âge privé de ressources, il n'hésitera pas : j'y tiens parce qu'il nous servira mieux qu'un autre ; ici depuis vingt ans, il n'inspirera pas la moindre défiance à cette sotte et ignoble Sainte-Colombe... Une fois entre les mains de notre protégé de Roiville... je réponds d'elle ; la marche de ces femmes immondes et stupides est tracée d'avance : dans leur jeunesse elles servent le diable ; dans leur âge mûr elles le font servir par d'autres ; dans leur vieillesse elles en ont une peur horrible ; et il faudra qu'elle en ait peur jusqu'à nous léguer le château de Cardoville, qui, par sa position solitaire, nous ferait un excellent collége... Tout va donc bien... Quant à l'affaire des médailles, nous approchons du 13 février : pas de nouvelles de Josué... Évidemment le prince Djalma est toujours prisonnier des Anglais, au fond de l'Inde ; sans cela j'aurais reçu des nouvelles de Batavia : les filles du général Simon seront encore retenues à Leipsick pendant au moins un mois encore... Les relations extérieures sont dans les meilleures conditions possibles. Quant aux relations intérieures...

M. Rodin fut interrompu dans ses réflexions par l'entrée de madame Dupont, qui s'occupait avec zèle de tous les préparatifs de secours.

— Maintenant — dit-elle à une servante — faites du feu dans la pièce voisine, mettez là ce vin chaud : M. Dupont peut rentrer d'un moment à l'autre.

— Eh bien! ma chère madame — lui dit Rodin — espère-t-on sauver quelqu'un de ces malheureux?

— Hélas, monsieur... je l'ignore; voilà près de deux heures que mon mari est parti... Je suis dans une inquiétude mortelle; il est si courageux, si imprudent, une fois qu'il s'agit d'être utile...

— Courageux... jusqu'à l'imprudence... — se dit Rodin avec impatience... — Je n'aime pas cela...

— Enfin — reprit Catherine — je viens de faire mettre ici à côté du linge bien chaud... des cordiaux... Pourvu que cela, mon Dieu! serve à quelque chose!

— Il faut toujours l'espérer, ma chère madame. J'ai bien regretté que mon âge, ma faiblesse ne m'aient pas permis de me joindre à votre excellent mari... Je regrette aussi de ne pouvoir attendre pour savoir l'issue de ses efforts, et l'en féliciter, s'ils sont heureux... car je suis malheureusement forcé de repartir... mes moments sont comptés. Je vous serai très-obligé de faire atteler mon cabriolet.

— Oui, monsieur... j'y vais aller.

— Un mot... ma chère, ma bonne madame Dupont... Vous êtes une femme de tête et d'excellent conseil... J'ai mis votre mari à même de garder, s'il le veut, la place de régisseur de cette terre...

— Il serait possible!.. Que de reconnaissance! Sans cette place... vieux comme nous sommes, nous ne saurions que devenir!

— J'ai seulement mis à cette promesse... deux conditions... des misères... Il vous expliquera cela...

— Ah, monsieur! vous êtes notre sauveur...

— Vous êtes trop bonne... Mais à deux petites conditions...

— Il y en aurait cent, monsieur, que nous les accepterions. Jugez donc, monsieur... sans

ressources... si nous n'avions pas cette place...
sans ressources...

— Je compte donc sur vous... dans l'intérêt de votre mari... tâchez de le décider...

—Madame... madame, voilà monsieur qui arrive... — dit une servante en accourant dans la chambre.

— Y a-t-il beaucoup de monde avec lui?
— Non, madame... il est seul...
— Seul... comment, seul!
— Oui, madame...

Quelques moments après, M. Dupont entrait dans la salle; ses habits ruisselaient d'eau; pour maintenir son chapeau, malgré la tourmente, il l'avait fixé sur sa tête au moyen de sa cravate nouée en forme de mentonnière; ses guêtres étaient couvertes d'une boue crayeuse.

— Enfin, mon ami, te voilà! j'étais si inquiète — s'écria sa femme en l'embrassant tendrement.

— Jusqu'à présent... trois de sauvés.

— Dieu soit loué... mon cher monsieur Dupont — dit Rodin — au moins vos efforts n'auront pas été vains...

— Trois... seulement trois, mon Dieu! — dit Catherine.

— Je ne te parle que de ceux que j'ai vus... près de la petite anse aux Goëlands. Il faut espérer que dans les autres endroits de la côte un peu accessibles il y a eu d'autres sauvetages.

— Tu as raison... car heureusement la côte n'est pas partout également mauvaise.

— Et où sont ces intéressants naufragés, mon cher monsieur? — demanda Rodin, qui ne pouvait s'empêcher de rester quelques instants de plus.

— Ils montent la falaise... soutenus par nos gens. Comme ils ne marchent guère vite, je suis accouru en avant pour rassurer ma femme et pour prendre quelques mesures nécessaires; d'abord, il faut tout de suite préparer des vêtements de femmes...

— Il y a donc une femme parmi les personnes sauvées.

— Il y a deux jeunes filles... quinze ou seize ans, tout au plus... des enfants... et si jolies !..

— Pauvres petites !.. — dit M. Rodin avec componction.

— Celui à qui elles doivent la vie est avec elles... Oh! pour celui-là, on peut le dire, c'est un héros!..

— Un héros?

— Oui. Figure-toi...

— Tu me diras cela tout à l'heure... passe donc au moins cette robe de chambre, qui est bien sèche, car tu es trempé d'eau... bois un peu de ce vin chaud... tiens.

— Ce n'est pas de refus, car je suis gelé... Je te disais donc que celui qui avait sauvé ces jeunes filles était un héros;.... le courage qu'il a montré est au-dessus de ce qu'on peut imaginer... Nous partons d'ici avec les hommes de la ferme, nous descendons le petit sentier à pic, et nous arrivons enfin au pied de la falaise... à la petite anse des Goëlands, heureusement un peu abritée des lames par cinq ou six énormes blocs de roches assez avancés dans la mer. Au fond de l'anse... qu'est-ce que nous trouvons? les deux jeunes filles dont je te parle, évanouies, les pieds trempant dans l'eau, mais adossées à une roche, comme si elles eussent été placées là après avoir été retirées de la mer.

— Chers enfants... c'est à fendre le cœur — dit M. Rodin en portant, selon son habitude, le bout de son petit doigt gauche à l'angle de son œil droit pour y essuyer une larme qui s'y montrait rarement.

— Ce qui m'a frappé, c'est qu'elles se ressemblaient tellement — dit le régisseur — qu'il faut certainement l'habitude de les voir pour les reconnaître...

— Deux jumelles sans doute — dit madame Dupont.

— L'une de ces pauvres jeunes filles — reprit le régisseur — tenait entre ses deux mains jointes une petite médaille de bronze, qui était suspendue à son cou par une chaînette de même métal.

M. Rodin se tenait ordinairement très-voûté. A ces derniers mots du régisseur, il se redressa brusquement, une légère rougeur colora ses joues livides... Pour tout autre, ces symptômes eussent paru assez insignifiants; mais chez M. Rodin, habitué depuis longues années à contraindre, à dissimuler toutes ses émotions, ils annonçaient une profonde stupeur; s'approchant du régisseur, il lui dit d'une voix légèrement altérée, mais de l'air le plus indifférent du monde :

— C'était sans doute une pieuse relique... Vous n'avez pas vu ce qu'il y avait sur cette médaille?

— Non, monsieur... je n'y ai pas songé.

— Et ces deux jeunes filles se ressemblaient... beaucoup,... dites-vous?

— Oui, monsieur... à s'y méprendre... Probablement elles sont orphelines, car elles sont vêtues de deuil...

— Ah!... elles sont vêtues de deuil... — dit M. Rodin avec un nouveau mouvement.

— Hélas, si jeunes et orphelines! — reprit madame Dupont en essuyant ses larmes.

— Comme elles étaient évanouies,... nous les transportions plus loin, dans un endroit où le sable était bien sec... Pendant que nous nous occupions de ce soin, nous voyons paraître la tête d'un homme au-dessus d'une roche; il essayait de la gravir en s'y cramponnant d'une main : on court à lui, et bien heureusement encore! car ses forces étaient à bout : il est tombé épuisé entre les bras de nos hommes. C'est de lui que je te disais : c'est un héros; car, non content d'avoir sauvé les deux jeunes filles avec un courage admirable, il avait encore voulu tenter de sauver une troisième personne, et il était retourné au milieu des rochers battus par la mer;... mais ses forces étaient à bout, et sans nos hommes il aurait été bien certainement enlevé des roches auxquelles il se cramponnait.

— Tu as raison, c'est un fier courage...

M. Rodin, la tête baissée sur sa poitrine, semblait étranger à la conversation; sa consternation, sa stupeur augmentaient avec la réflexion : les deux jeunes filles qu'on venait de sauver avaient quinze ans; elles étaient vêtues de deuil; elles se ressemblaient à s'y méprendre; l'une portait au cou une médaille de bronze : il n'en pouvait plus douter, il s'agissait des filles du général Simon. Comment les deux sœurs étaient-elles au nombre des naufragés? Comment étaient-elles sorties de la prison de Leipsick? Comment n'en avait-il pas été instruit? S'étaient-elles évadées, avaient-elles été mises en liberté? Comment n'en avait-il pas été averti? Ces pensées secondaires, qui se présentaient en foule à l'esprit de M. Rodin, s'effaçaient devant ce fait:

« Les filles du général Simon étaient là. »

Sa trame, laborieusement ourdie, était anéantie.

— Quand je te parle du sauveur de ces deux jeunes filles — reprit le régisseur en s'adressant à sa femme et sans remarquer la préoccupation de M. Rodin — tu t'attends peut-être, d'après cela, à voir un Hercule; eh bien! tu n'y es pas... c'est presque un enfant, tant il a l'air jeune, avec sa jolie figure douce et ses grands cheveux blonds... Enfin, je lui ai laissé un manteau; car il n'avait que sa chemise et une culotte courte noire avec des bas de laine noirs aussi... ce qui m'a semblé singulier.

— C'est vrai, les marins ne sont guère habillés de la sorte.

— Du reste, quoique le navire où il était fût anglais, je crois que mon héros est Français, car il parle notre langue comme toi et moi... Ce qui m'a fait venir les larmes aux yeux, c'est quand les jeunes filles sont revenues à elles... En le voyant, elles se sont jetées à ses genoux ; elles avaient l'air de le regarder avec religion et de le remercier comme on prie Dieu... Puis après, elles ont jeté les yeux autour d'elles comme si elles avaient cherché quelqu'un ; elles se sont dit quelques mots, et ont éclaté en sanglots en se jetant dans les bras l'une de l'autre.

— Quel sinistre, mon Dieu ! combien de victimes il doit y avoir !

— Quand nous avons quitté les falaises, la mer avait déjà rejeté sept cadavres... des débris, des caisses... J'ai fait prévenir les douaniers garde-côtes... ils resteront là toute la journée pour veiller ; et si, comme je l'espère, d'autres naufragés échappent, on les enverrait ici... Mais, écoute donc, on dirait un bruit de voix... Oui, ce sont nos naufragés.

Et le régisseur et sa femme coururent à la porte de la salle, qui s'ouvrait sur une longue galerie, pendant que M. Rodin, rongeant convulsivement ses ongles plats, attendait avec une inquiétude courroucée l'arrivée des naufragés ; un tableau touchant s'offrit bientôt à sa vue.

Du fond de cette galerie, assez sombre et

seulement percée d'un côté de plusieurs fenêtres en ogive, trois personnes conduites par un paysan s'avançaient lentement.

Ce groupe se composait de deux jeunes filles et de l'homme intrépide à qui elles devaient la vie... Rose et Blanche... étaient à droite et à gauche de leur sauveur, qui, marchant avec beaucoup de peine, s'appuyait légèrement sur leurs bras.

Quoiqu'il eût vingt-cinq ans accomplis, la figure juvénile de cet homme n'annonçait pas cet âge; ses longs cheveux blond cendré, séparés au milieu de son front, tombaient lisses et humides sur le collet d'un ample manteau brun dont on l'avait couvert. Il serait difficile de rendre l'adorable bonté de cette pâle et douce figure, aussi pure que ce que le pinceau de Raphaël a produit de plus idéal;.. car seul ce divin artiste aurait pu rendre la grâce mélancolique de ce visage enchanteur, la sérénité de son regard céleste, limpide et bleu comme celui d'un archange... ou d'un martyr monté au ciel.

Oui, d'un martyr, car une sanglante auréole ceignait déjà cette tête charmante...

Chose douloureuse à voir... au-dessus de ses sourcils blonds et rendus par le froid d'un coloris plus vif, une étroite cicatrice, qui datait de plusieurs mois, semblait entourer son beau front d'un cordon de pourpre; chose plus triste encore, ses mains avaient été cruellement transpercées par un crucifiement; ses pieds avaient subi la même mutilation;... et s'il marchait avec tant de peine, c'est que ses blessures venaient de se rouvrir sur les rochers aigus où il avait couru pendant le sauvetage.

Ce jeune homme était Gabriel, prêtre attaché aux missions étrangères et fils adoptif de la femme de Dagobert.

Gabriel était prêtre et martyr... car, de nos jours, il y a encore des martyrs... comme du temps où les Césars livraient les premiers chrétiens aux lions et aux tigres du cirque.

Car, de nos jours, des enfants du peuple, c'est presque toujours chez lui que se recrutent les dévouements héroïques et désintéressés, des enfants du peuple, poussés par une vocation respectable, comme ce qui est courageux et sincère, s'en vont dans toutes les parties du monde tenter de propager leur foi, et braver la torture, la mort, avec une bienveillance ingénue.

Combien d'eux, victimes des barbares, ont péri, obscurs et ignorés, au milieu des solitudes des deux mondes!.. Et pour ces simples soldats de la croix, qui n'ont que leur croyance et que leur intrépidité, jamais au retour... (et ils reviennent rarement), jamais de fructueuses et somptueuses dignités ecclésiastiques. Jamais la pourpre ou la mitre ne cachent leur front cicatrisé, leurs membres mutilés : comme le plus grand nombre des soldats du drapeau, ils meurent oubliés (1).

. . . .

Dans leur reconnaissance ingénue, les filles

---

(1) Nous nous rappellerons toujours avec émotion la fin d'une lettre écrite, il y a deux ou trois ans, par un de ces jeunes et valeureux missionnaires, fils de malheureux paysans de la Beauce : il écrivait à sa mère, du fond du Japon, et terminait ainsi sa lettre :

« — Adieu, ma chère mère, on dit qu'il y a beaucoup de » danger là où l'on m'envoie... Priez Dieu pour moi, et » dites à tous mes bons voisins que je les aime, et que je » pense bien souvent à eux. »

Cette naïve recommandation, s'adressant du milieu de l'Asie à de pauvres paysans d'un hameau de France, n'est-elle pas très-touchante dans sa simplicité ?

du général Simon, une fois revenues à elles après le naufrage, et se trouvant en état de gravir les rochers, n'avaient voulu laisser à personne le soin de soutenir la démarche chancelante de celui qui venait de les arracher à une mort certaine.

Les vêtements noirs de Rose et de Blanche ruisselaient d'eau; leur figure d'une grande pâleur exprimait une douleur profonde, des larmes récentes sillonnaient leurs joues; les yeux mornes, baissés, tremblantes d'émotion et de froid, les orphelines songeaient avec désespoir qu'elles ne reverraient plus Dagobert, leur guide, leur ami... car c'était à lui que Gabriel avait tendu en vain une main secourable pour l'aider à gravir les rochers; malheureusement les forces leur avaient manqué à tous deux... et le soldat s'était vu emporter par le retrait d'une lame.

La vue de Gabriel fut un nouveau sujet de surprise pour Rodin, qui s'était retiré à l'écart, afin de tout examiner; mais cette surprise était si heureuse... il éprouva tant de joie de voir le missionnaire sauvé d'une mort certaine, que la cruelle impression qu'il avait ressentie à la vue des filles du général Simon, s'adoucit un peu (on n'a pas oublié qu'il fallait pour les projets de M. Rodin que Gabriel fût à Paris le 13 février).

Le régisseur et sa femme, tendrement émus à l'aspect des orphelines, approchèrent d'elles avec empressement.

— Monsieur... monsieur... bonne nouvelle — s'écria un garçon de ferme en entrant. — Encore deux naufragés de sauvés!

— Dieu soit loué, Dieu soit béni! — dit le missionnaire.

— Où sont-ils? — demanda le régisseur en se dirigeant vers la porte.

— Il y en a un qui peut marcher... il me suit avec Justin, qui l'amène... L'autre a été blessé contre les rochers, on le transporte ici sur un brancard fait de branches d'arbres...

— Je cours le faire placer dans la salle basse — dit le régisseur en sortant; — toi, ma femme, occupe-toi de ces jeunes demoiselles.

— Et le naufragé qui peut marcher... où est-il? — demanda la femme du régisseur.

— Le voilà — dit le paysan en montrant quelqu'un qui s'avançait assez rapidement du fond de la galerie. — Dès qu'il a su que les deux jeunes demoiselles que l'on a sauvées étaient ici... quoiqu'il soit vieux et blessé à la tête... il a fait de si grandes enjambées... que c'est tout au plus si j'ai pu le devancer...

Le paysan avait à peine prononcé ces paroles, que Rose et Blanche, se levant par un mouvement spontané, s'étaient précipitées vers la porte...

Elles y arrivèrent en même temps que Dagobert.

Le soldat, incapable de prononcer une parole, tomba à genoux sur le seuil en tendant ses bras aux filles du général Simon... pendant que Rabat-Joie, courant à elles, leur léchait les mains...

Mais l'émotion était trop violente pour Dagobert... lorsqu'il eut serré entre ses bras les orphelines, sa tête se pencha en arrière, et il fût tombé à la renverse sans les soins des paysans. Malgré les observations de la femme du régisseur sur leur faiblesse et sur leur émotion, les deux jeunes filles voulurent accompagner Dagobert évanoui, que l'on transporta dans une chambre voisine.

A la vue du soldat, la figure de M. Rodin s'était violemment contractée, car jusqu'alors il avait cru à la mort du guide des filles du général Simon.

Le missionnaire, accablé de fatigue, s'appuyait sur une chaise et n'avait pas encore aperçu Rodin.

Un nouveau personnage, un homme au teint jaune et mat, entra dans cette chambre accompagné d'un paysan, qui lui indiqua Gabriel.

L'homme au teint jaune, à qui on avait prêté une blouse et un pantalon de paysan, s'approcha du missionnaire, et lui dit en français mais avec un accent étranger :

— Le prince Djalma vient d'être transporté tout à l'heure ici... Son premier mot a été pour vous appeler.

— Que dit cet homme?.. — s'écria Rodin d'une voix foudroyante... Car au nom de Djalma, d'un bond il s'était élancé sur Gabriel.

— Monsieur Rodin !

S'écria le missionnaire en reculant de surprise.

— Monsieur Rodin...

s'écria l'autre naufragé, et, de ce moment, son œil ne quitta plus le correspondant de Josué.

— Vous ici... monsieur... — dit Gabriel, en s'approchant de Rodin avec une déférence mêlée de crainte.

— Que vous a dit cet homme? — répéta Rodin d'une voix altérée. — N'a-t-il pas prononcé le nom du prince Djalma?

— Oui... monsieur, le prince Djalma est un des passagers du vaisseau anglais qui venait d'Alexandrie et sur lequel nous avons naufragé... Ce navire avait relâché aux Açores, où je me trouvais ; le bâtiment qui m'amenait de Charlestown ayant été obligé de rester dans cette île à cause de grandes avaries, je me suis embarqué sur *le Black-Eagle*, où se trouvait le prince Djalma. Nous allions à Portsmouth ; de là, mon intention était de revenir en France.

Rodin ne songeait pas à interrompre Gabriel ; cette nouvelle secousse paralysait sa pensée. Enfin, comme un homme qui tente un dernier effort, quoiqu'il en sache d'avance la vanité, il dit à Gabriel :

— Et savez-vous quel est ce prince Djalma?

— Un jeune homme aussi bon que brave... le fils d'un roi indien dépossédé de son territoire par les Anglais...

Puis, se tournant vers l'autre naufragé, le missionnaire lui dit avec intérêt:

— Comment va le prince? ses blessures sont-elles dangereuses.

— Ce sont des contusions très-violentes, mais qui ne seront pas mortelles — dit l'autre.

— Dieu soit loué! — dit le missionnaire en s'adressant à Rodin — voici, vous le voyez, encore un naufragé de sauvé.

— Tant mieux — répondit Rodin d'un ton impérieux et bref.

— Je vais aller auprès de lui — dit Gabriel avec soumission. — Vous n'avez aucun ordre à me donner?..

— Serez-vous en état de partir... dans deux ou trois heures, malgré vos fatigues?

— S'il le faut... oui.

— Il le faut... vous partirez avec moi.

Gabriel s'inclina devant Rodin, qui tomba

anéanti sur une chaise pendant que le missionnaire sortait avec le paysan.

L'homme au teint jaune était resté dans un coin de la chambre, inaperçu de Rodin.

Cet homme était Faringhea, le métis, un des trois chefs des Étrangleurs, qui avait échappé aux poursuites des soldats dans les ruines de Tchandi ; après avoir tué Mahal le contrebandier, il lui avait volé les dépêches écrites par M. Josué Van-Daël à Rodin, et la lettre grâce à laquelle le contrebandier devait être reçu comme passager à bord du *Ruyter*. Faringhea s'étant échappé de la cabane des ruines de Tchandi sans être vu de Djalma, celui-ci le retrouvant à bord après son évasion (que l'on expliquera plus tard), ignorant qu'il appartînt à la secte des Phansegars, l'avait traité pendant la traversée comme un compatriote.

Rodin, l'œil fixe, hagard, le teint livide de rage muette, rongeant ses ongles jusqu'au vif, n'apercevait pas le métis qui, après s'être silencieusement approché de lui, lui mit familièrement la main sur l'épaule et lui dit :

— Vous vous appelez Rodin ?

— Qu'est-ce ? — demanda celui-ci en tressaillant et en redressant brusquement la tête.

— Vous vous appelez Rodin ? — répéta Faringhea...

— Oui... que voulez-vous ?

— Vous demeurez rue du Milieu-des-Ursins, à Paris ?...

— Oui... mais encore une fois, que voulez-vous ?

— Rien... maintenant... Frère... plus tard... beaucoup.

Et Faringhea, s'éloignant à pas lents, laissa Rodin effrayé ; car cet homme, qui ne tremblait devant rien, avait été frappé du sinistre regard et de la sombre physionomie de l'Étrangleur.

CHAPITRE X.

LE DÉPART POUR PARIS.

Le plus grand silence règne dans le château de Cardoville; la tempête s'est peu à peu calmée, l'on n'entend plus au loin que le sourd ressac des vagues qui s'abattent pesamment sur la côte.

Dagobert et les orphelines ont été établis dans des chambres chaudes et confortables au premier étage du château.

Djalma, trop grièvement blessé pour être transporté à l'étage supérieur, est resté dans une salle basse. Au moment du naufrage, une mère éplorée lui avait remis son enfant entre les bras. En vain il a voulu tenter d'arracher cet infortuné à une mort certaine; ce dévouement a gêné ses mouvements, et le jeune Indien a été jeté presque brisé sur les roches.

Faringhea, qui a su le convaincre de son affection, est resté auprès de lui, à le veiller.

Gabriel, après avoir donné quelques consolations à Djalma, est remonté dans la chambre qui lui était destinée; fidèle à la promesse qu'il a faite à Rodin d'être prêt à partir au bout de deux heures, il n'a pas voulu se coucher : ses habits séchés, il s'est endormi dans un grand fauteuil à haut dossier, placé devant une cheminée où brûle un ardent brasier.

Cet appartement est situé auprès de ceux qui sont occupés par Dagobert et par les deux sœurs.

Rabat-Joie, probablement sans aucune défiance dans un si honnête château, a quitté la porte de Rose et de Blanche pour venir se réchauffer et s'étendre devant le foyer au coin duquel le missionnaire est endormi.

Rabat-Joie, son museau appuyé sur ses pattes allongées, jouit avec délices d'un parfait bien-être, après tant de traverses terrestres et maritimes! Nous ne saurions affirmer qu'il pense habituellement beaucoup au pauvre

vieux Jovial; à moins qu'on ne prenne pour
une marque de souvenir de sa part son irrésistible besoin de mordre tous les chevaux
blancs qu'il avait rencontrés depuis la mort
de son vénérable compagnon, lui jusqu'alors
le plus inoffensif des chiens à l'endroit des
chevaux de toute robe.

Au bout de quelques instants, une des
portes qui donnaient dans cette chambre s'ouvrit, et les deux sœurs entrèrent timidement.
Depuis quelques instants, éveillées, reposées
et habillées, elles ressentaient encore de l'inquiétude au sujet de Dagobert : quoique la
femme du régisseur, après les avoir conduites
dans leur chambre, fût ensuite revenue leur
apprendre que le médecin du village ne trouvait aucune gravité dans l'état et dans la blessure du soldat, néanmoins elles sortaient de
chez elles, espérant s'informer de lui auprès
de quelqu'un du château.

Le haut dossier de l'antique fauteuil où
dormait Gabriel le cachait complétement;
mais les orphelines, voyant Rabat-Joie tran-
quillement couché au pied de ce fauteuil,
crurent que Dagobert y sommeillait; elles

s'avancèrent donc vers ce siége sur la pointe du pied.

A leur grand étonnement, elles virent Gabriel endormi. Interdites, elles s'arrêtèrent immobiles, n'osant ni reculer, ni avancer, de peur de l'éveiller.

Les longs cheveux blonds du missionnaire n'étant plus mouillés, frisaient naturellement autour de son cou et de ses épaules ; la pâleur de son teint ressortait sur le pourpre foncé du damas qui recouvrait le dossier du fauteuil. Le beau visage de Gabriel exprimait alors une mélancolie amère, soit qu'il fût sous l'impression d'un songe pénible, soit qu'il eût l'habitude de cacher de douloureux ressentiments dont l'expression se révélait à son insu pendant son sommeil; malgré cette apparence de tristesse navrante, ses traits conservaient leur caractère d'angélique douceur; d'un attrait inexprimable... car rien n'est plus touchant que la bonté qui souffre.

Les deux jeunes filles baissèrent les yeux, rougirent spontanément, et échangèrent un coup d'œil un peu inquiet, en se montrant du regard le missionnaire endormi.

— Il dort, ma sœur... — dit Rose à voix basse.

— Tant mieux... — répondit Blanche aussi à voix basse en faisant à Rose un signe d'intelligence — nous pourrons le bien regarder...

— En venant de la mer ici avec lui, nous n'osions pas...

— Vois-donc... comme sa figure est douce !

— Il me semble que c'est bien lui que nous avons vu dans nos rêves...

— Nous dire qu'il nous protégerait.

— Et cette fois encore... il n'y a pas manqué.

— Mais, du moins, nous le voyons...

— Ce n'est pas comme dans la prison de Leipsick... pendant cette nuit si noire...

— Il nous a encore sauvées, cette fois.

— Sans lui... ce matin... nous périssions...

— Pourtant, ma sœur, dans nos rêves, il me semble que son visage était comme éclairé par une douce lumière.

— Oui... tu sais, il nous éblouissait presque.

— Et puis il n'avait pas l'air si triste.

— C'est qu'alors, vois-tu, il venait du ciel, et maintenant il est sur terre...

— Ma sœur... est-ce qu'il avait alors autour du front cette cicatrice d'un rose vif?

— Oh non... nous nous en serions bien aperçues.

— Et à ses mains... vois donc aussi ces cicatrices...

— Mais s'il a été blessé... ce n'est donc pas un archange?

— Pourquoi, ma sœur! s'il a reçu ces blessures en voulant empêcher le mal, ou en secourant des personnes qui, comme nous, allaient mourir?

— Tu as raison... s'il ne courait pas de dangers en venant au secours de ceux qu'il protége, ce serait moins beau...

— Comme c'est dommage qu'il n'ouvre pas les yeux...

— Leur regard est si bon, si tendre!

— Pourquoi ne nous a-t-il rien dit de notre mère pendant la route?

— Nous n'étions pas seules avec lui... il n'aura pas voulu...

— Maintenant nous sommes seules...

— Si nous le priions pour qu'il nous en parle...

LE DÉPART POUR PARIS.

Et les orphelines s'interrogèrent du regard avec une naïveté charmante; leurs ravissantes figures se coloraient d'un vif incarnat, et leur sein virginal palpitait doucement sous leur robe noire.

— Tu as raison... prions-le.

— Mon Dieu, ma sœur, comme *notre* cœur bat — dit Blanche ne doutant pas avec raison que Rose ne ressentît tout ce qu'elle ressentait elle-même — et comme ce battement fait du bien! On dirait qu'il va nous arriver quelque chose d'heureux.

Les deux sœurs, après s'être rapprochées du fauteuil sur la pointe du pied, s'agenouillèrent, les mains jointes, l'une à droite, l'autre à gauche du jeune prêtre.

Ce fut un tableau charmant.

Levant leurs adorables figures vers Gabriel, elles dirent tout bas, bien bas, d'une voix suave et fraîche comme leurs visages de quinze ans :

— Gabriel!! parlez-nous de notre mère...

A cet appel, le missionnaire fit un léger mouvement, ouvrit à demi les yeux, et grâce à cet état de vague somnolence qui précède le réveil complet, se rendant à peine compte de ce qu'il voyait, il eut un moment de ravissement à l'apparition de ces deux gracieuses figures qui, tournées vers lui, l'appelaient doucement.

— Qui m'appelle? — dit-il en se réveillant tout à fait et en redressant la tête.

— C'est nous!

— Nous Blanche et Rose!

Ce fut au tour de Gabriel à rougir, car il reconnaissait les jeunes filles qu'il avait sauvées.

— Relevez-vous, mes sœurs — leur dit-il — on ne s'agenouille que devant Dieu...

Les orphelines obéirent et furent bientôt à ses côtés, se tenant par la main.

— Vous savez donc mon nom?..

Leur demanda-t-il en souriant.

— Oh! nous ne l'avons pas oublié.

— Qui vous l'a dit?

— Vous...

— Moi!

— Quand vous êtes venu de la part de notre mère...

— Nous dire qu'elle vous envoyait vers

nous et que vous nous protégeriez toujours.

— Moi, mes sœurs... — dit le missionnaire, ne comprenant rien aux paroles des orphelines. — Vous vous trompez... Aujourd'hui seulement je vous ai vues...

— Et dans nos rêves?

— Oui, rappelez-vous donc? dans nos rêves?

— En Allemagne... il y a trois mois pour la première fois... Regardez-nous donc bien?

Gabriel ne put s'empêcher de sourire de la naïveté de Rose et de Blanche, qui lui demandaient de se souvenir d'un rêve qu'elles avaient fait; puis, de plus en plus surpris, il reprit :

— Dans vos rêves!

— Mais certainement... quand vous nous donniez de si bons conseils.

— Aussi, quand nous avons eu du chagrin depuis... en prison... vos paroles, dont nous nous souvenions, nous ont consolées, nous ont donné du courage.

— N'est-ce donc pas vous qui nous avez fait sortir de prison, à Leipsick, pendant cette nuit si noire... que nous ne pouvions vous voir !

— Moi...

— Quel autre que vous serait venu à notre secours et à celui de notre vieil ami!...

— Nous lui disions bien que vous l'aimeriez parce qu'il nous aimait, lui qui ne voulait pas croire aux anges.

— Aussi, ce matin, pendant la tempête, nous n'avions presque pas peur.

— Nous vous attendions.

— Ce matin, oui, mes sœurs, Dieu m'a accordé la grâce de m'envoyer à votre secours; j'arrivais d'Amérique, mais je ne suis jamais allé à Leipsick... Ce n'est donc pas moi qui vous ai fait sortir de prison... Dites-moi, mes sœurs, ajouta-t-il en souriant avec bonté.— pour qui me prenez-vous?

— Pour un bon ange que nous avons déjà vu en rêve, et que notre mère a envoyé du ciel pour nous protéger.

— Mes chères sœurs, je ne suis qu'un pauvre prêtre... Le hasard fait que je ressemble sans doute à l'ange que vous avez vu en songe et que vous ne pouviez voir qu'en rêve... car il n'y a pas d'anges visibles pour nous.

— Il n'y a pas d'anges visibles — dirent les orphelines en se regardant avec tristesse.

— Il n'importe, mes chères sœurs — dit Gabriel en prenant affectueusement les mains des jeunes filles entre les siennes — les rêves... comme toute chose... viennent de Dieu;... puisque le souvenir de votre mère était mêlé à ce rêve... bénissez-le doublement.

A ce moment une porte s'ouvrit et Dagobert parut.

Jusqu'alors, les orphelines, dans leur ambition naïve d'être protégées par un archange, ne s'étaient pas rappelé que la femme de Dagobert avait adopté un enfant abandonné qui s'appelait Gabriel et qui était prêtre et missionnaire.

Le soldat, quoiqu'il se fût opiniâtré à soutenir que sa blessure était une *blessure blanche* (pour se servir des termes du général Simon), avait été soigneusement pansé par le chirurgien du village; un bandeau noir lui cachait à moitié le front et augmentait encore son air naturellement rébarbatif.

En entrant dans le salon, il fut très-surpris

de voir un inconnu tenir familièrement entre ses mains les mains de Blanche et de Rose.

Cet étonnement se conçoit ; Dagobert ignorait que le missionnaire eût sauvé les orphelines, et tenté de le secourir lui-même.

Le matin, pendant la tempête, tourbillonnant au milieu des vagues, tâchant enfin de se cramponner à un rocher. le soldat n'avait que très-imparfaitement vu Gabriel au moment où celui-ci, après avoir arraché les deux sœurs à une mort certaine, avait en vain tâché de lui venir en aide. Lorsqu'après le naufrage Dagobert avait retrouvé les orphelines dans la salle basse du château, il était tombé, on l'a dit, dans un complet évanouissement, causé par la fatigue, par l'émotion, par les suites de sa blessure; à ce moment, non plus, il n'avait pu apercevoir le missionnaire.

Le vétéran commençait à froncer ses épais sourcils gris sous son bandeau noir, en voyant un inconnu si familier avec Rose et Blanche, lorsque celles-ci coururent se jeter dans ses bras et le couvrirent de caresses filiales : son ressentiment se dissipa bientôt devant ces preuves d'affection; quoiqu'il jetât de temps à autre un regard assez sournois du côté du missionnaire, qui s'était levé et dont il ne distinguait pas parfaitement la figure.

— Et ta blessure, — lui dit Rose avec intérêt — on nous a dit qu'heureusement elle n'était pas dangereuse?

— En souffres-tu encore? — ajouta Blanche.

— Non, mes enfants... c'est le *major* du village qui a voulu m'entortiller de ce bandage; j'aurais sur la tête une résille de coups de sabre que je ne serais pas autrement embéguiné; on me prendra pour un vieux délicat; ce n'est qu'une blessure blanche et j'ai bien envie de...

Le soldat porta une de ses mains à son bandeau.

— Veux-tu laisser cela! — dit Rose en arrêtant le bras de Dagobert. — Es-tu peu raisonnable... à ton âge!

— Bien, bien! ne me grondez pas, je ferai ce que vous voulez... je garderai ce bandeau.

Puis, attirant les orphelines dans un angle du salon, il leur dit à voix basse en leur montrant le jeune prêtre du coin de l'œil :

— Quel est ce monsieur... qui vous prenait les mains... quand je suis entré... ça m'a l'air d'un curé... Voyez-vous, mes enfants... il faut prendre garde... parce que...

— Lui!! — s'écrièrent Rose et Blanche en se retournant vers Gabriel — mais pense donc que, sans lui,... nous ne t'embrasserions pas à cette heure...

— Comment?

S'écria le soldat en redressant brusquement sa grande taille et regardant le missionnaire.

— C'est notre ange gardien... — reprit Blanche.

— Sans lui — dit Rose — nous mourions ce matin dans le naufrage...

— Lui... — C'est lui... qui...

Dagobert n'en put dire davantage.

Le cœur gonflé, les yeux humides, il courut au missionnaire et s'écria avec un accent de reconnaissance impossible à rendre, en lui tendant les deux mains :

— Monsieur, je vous dois la vie de ces deux enfants... Je sais à quoi ça m'engage... je ne vous dis rien de plus... parce que ça dit tout...

Mais frappé d'un souvenir soudain, il s'écria :

— Mais, attendez donc... est-ce que, lorsque je tâchais de me cramponner à une roche... pour n'être pas entraîné par les vagues, ce n'est pas vous qui... m'avez tendu la main ;... oui... vos cheveux blonds... votre figure jeune :... mais certainement.... c'est vous... maintenant... je vous reconnais.

— Malheureusement... monsieur... les forces m'ont manqué... et j'ai eu la douleur de vous voir retomber dans la mer.

— Je n'ai rien de plus à vous dire pour vous remercier... que ce que je vous ai dit tout à l'heure — reprit Dagobert avec une simplicité touchante. — En me conservant ces enfants, vous aviez déjà plus fait pour moi que si vous m'aviez conservé la vie.. Mais quel courage !.. quel cœur !.. — dit le soldat avec admiration. — Et si jeune !.. l'air d'une fille !..

— Comment ! — s'écria Blanche avec joie — notre Gabriel est aussi venu à toi ?

— Gabriel ! — dit Dagobert en interrompant Blanche, et s'adressant au prêtre : — Vous vous appelez Gabriel ?

— Oui, monsieur.

— Gabriel!

Répéta le soldat de plus en plus surpris.

— Et vous êtes prêtre? — ajouta-t-il.

— Prêtre des missions étrangères.

— Et... qui vous a élevé?

Demanda le soldat avec une surprise croissante.

— Une excellente et généreuse femme, que je vénère comme la meilleure des mères... car elle a eu pitié de moi... enfant abandonné, et m'a traité comme son fils...

— Françoise... Baudoin... n'est-ce pas? — dit le soldat profondément ému.

— Oui... monsieur — répondit Gabriel, à son tour très-étonné. — Mais comment savez-vous?..

— La femme d'un soldat? — reprit Dagobert.

— Oui, d'un brave soldat... qui, par le plus admirable dévouement... passe à cette heure sa vie dans l'exil... loin de sa femme... loin de son fils... de mon bon frère... car je suis fier de lui donner ce nom...

— Mon... Agricol... ma femme... Quand les... avez-vous... quittés...

— Ce serait vous... le père d'Agricol?.. Oh! je ne savais pas encore toute la reconnaissance que je devais à Dieu! dit Gabriel en joignant les mains.

— Et ma femme... et mon fils! — dit Dagobert d'une voix tremblante — comment vont-ils? avez-vous de leurs nouvelles?

— Celles que j'ai reçues il y a trois mois étaient excellentes...

— Non, c'est trop de joie — s'écria Dagobert — c'est trop...

Et le vétéran ne put continuer; le saisissement étouffait ses paroles, il retomba assis sur une chaise.

Rose et Blanche se rappelèrent alors seulement la lettre de leur père relativement à l'enfant trouvé, nommé Gabriel, et adopté par la femme de Dagobert; elles laissèrent alors éclater leurs transports ingénus...

— Notre Gabriel est le tien... c'est le même... quel bonheur! — s'écria Rose.

— Oui, mes chères petites, il est à vous comme à moi; nous en avons chacun notre part...—Puis s'adressant à Gabriel, le soldat ajouta avec effusion : —Ta main... encore ta main, mon intrépide enfant... ma foi, tant pis, je te dis toi... puisque mon Agricol est ton frère...

—Ah... monsieur... que de bonté!.

— C'est ça... tu vas me remercier... après tout ce que nous te devons!

— Et ma mère adoptive est-elle instruite de votre arrivée?—dit Gabriel pour échapper aux louanges du soldat.

— Je lui ai écrit il y a cinq mois, mais que je venais seul... et pour cause... Je te dirai cela plus tard. — Elle demeure toujours rue Brise-Miche, c'est là que mon Agricol est né?

— Elle y demeure toujours.

— En ce cas, elle aura reçu ma lettre; j'aurais voulu lui écrire de la prison de Leipsick, mais impossible.

— De prison... vous sortez de prison?

— Oui, j'arrive d'Allemagne par l'Elbe et par Hambourg, et je serais encore à Leipsick sans un événement qui me ferait croire au diable... mais au bon diable...

— Que voulez-vous dire, expliquez-vous?

— Ça me serait difficile, car je ne puis pas me l'expliquer à moi-même... Ces petites filles — et il montra Rose et Blanche en souriant — se prétendaient plus avancées que moi ; elles me répétaient toujours — « Mais c'est l'ar-
» change qui est venu à notre secours... Dago-
» bert ; c'est l'archange, vois-tu, toi qui disais
» que tu aimais autant Rabat-Joie pour nous
» défendre... »

— Gabriel... je vous attends... — dit une voix brève qui fit tressaillir le missionnaire.

Lui, Dagobert et les orphelines tournèrent vivement la tête...

Rabat-Joie gronda sourdement.

C'était M. Rodin : il se tenait debout à l'entrée d'une porte ouvrant sur un corridor. Ses traits étaient calmes, impassibles ; il jeta un regard rapide et perçant sur le soldat et sur les deux sœurs.

— Qu'est-ce que cet homme-là ? — dit Dagobert tout d'abord très-peu prévenu en faveur de M. Rodin, auquel il trouvait, avec raison, une physionomie singulièrement repoussante ; — que diable te veut-il ?

— Je pars avec lui — dit Gabriel avec une

expression de regret, de contrainte. — Puis se tournant vers Rodin : — Mille pardons, me voici dans l'instant.

— Comment! tu pars — dit Dagobert stupéfait — au moment où nous nous retrouvons... Non, pardieu !.. tu ne partiras pas... J'ai trop de choses à te dire... et à te demander. Nous ferons route ensemble... je m'en fais une fête.

— C'est impossible... c'est mon supérieur... je dois obéir.

— Ton supérieur?.. Il est habillé en bourgeois.

— Il n'est pas obligé de porter l'habit ecclésiastique...

— Ah bah! puisqu'il n'est pas en uniforme, et que dans ton état il n'y a pas de salle de police, envoie-le...

— Croyez-moi, je n'hésiterais pas une minute, s'il était possible de rester.

— J'avais raison de trouver à cet homme-là une mauvaise figure — dit Dagobert entre ses dents. — Puis il ajouta avec une impatience chagrine :

— Veux-tu que je lui dise — ajouta-t-il

plus bas — qu'il nous satisferait beaucoup en filant tout seul?

— Je vous en prie, n'en faites rien — dit Gabriel; — ce sera t inutile... je connais mes devoirs;... ma volonté est celle de mon supérieur. A votre arrivée à Paris, j'irai vous voir, vous, ainsi que ma mère adoptive et mon bon frère Agricol.

— Allons... soit. J'ai été soldat, je sais ce que c'est que la subordination — dit Dagobert vivement contrarié; — il faut faire contre fortune bon cœur. Ainsi, à après-demain matin... rue Brise-Miche, mon garçon; car je serai à Paris demain soir, m'assure-t-on, et nous partons tout à l'heure. Dis-donc, il paraît qu'il y a aussi une crâne discipline chez vous?

— Oui... elle est grande, elle est sévère — répondit Gabriel en tressaillant et en étouffant un soupir.

— Allons... embrasse-moi... et bientôt... Après tout, vingt-quatre heures sont bientôt passées.

— Adieu... adieu... — répondit le missionnaire d'une voix émue en répondant à l'étreinte du vétéran.

—Adieu, Gabriel... — ajoutèrent les orphelines en soupirant aussi et les larmes aux yeux.

— Adieu, mes sœurs... — dit Gabriel.

Et il sortit avec Rodin, qui n'avait perdu ni un mot ni un incident de cette scène.

Deux heures après, Dagobert et les orphelines avaient quitté le château pour se rendre à Paris ; ignorant que Djalma restait à Cardoville, trop blessé pour pouvoir partir encore.

Le métis Faringhea demeura auprès du jeune prince, ne voulant pas, disait-il, abandonner son compatriote.

. . . .

Nous conduirons maintenant le lecteur rue *Brise-Miche*, chez la femme de Dagobert.

CHAPITRE XI.

LA FEMME DE DAGOBERT.

Les scènes suivantes se passent à Paris, le lendemain du jour où les naufragés ont été recueillis au château de Cardoville.

Rien de plus sinistre, de plus sombre, que l'aspect de la rue *Brise-Miche*, dont l'une des extrémités donne rue Saint-Merri, l'autre près de la petite place du Cloître, vers l'église.

De ce côté, cette ruelle qui n'a pas plus de huit pieds de largeur, est encaissée entre deux immenses murailles noires, boueuses, lézardées, dont l'excessive hauteur prive en tout temps cette voie d'air et de lumière; à peine pendant les plus longs jours de l'année le soleil peut-il y jeter quelques rayons : aussi, lors des froids humides de l'hiver, un brouillard glacial, pénétrant, obscurcit constamment cette espèce de puits oblong au pavé fangeux.

Il était environ huit heures du soir; à la pâle clarté du réverbère dont la lumière rougeâtre perçait à peine la brume, deux hommes, arrêtés dans l'angle de l'un de ces murs énormes, échangeaient quelques paroles.

— Ainsi — disait l'un — c'est bien entendu... vous resterez dans la rue jusqu'à ce que nous les ayez vus entrer au numéro 5.

— C'est entendu...

— Et quand vous les aurez vus entrer, pour mieux encore vous assurer de la chose vous monterez chez Françoise Baudoin...

— Sous le prétexte de demander si ce n'est pas là que demeure l'ouvrière bossue, la sœur de cette créature surnommée la *reine Bacchanal...*

— Très-bien... Quant à celle-ci, tâchez de savoir exactement son adresse par la bossue; car c'est très-important : les femmes de cette espèce dénichent comme des oiseaux, et on a perdu sa trace...

— Soyez tranquille... Je ferai tout mon possible auprès de la bossue pour savoir où demeure sa sœur.

— Et pour vous donner courage, je vais vous attendre au cabaret en face du cloître; et nous boirons un verre de vin chaud à votre retour.

— Ça ne sera pas de refus, car il fait ce soir un froid diablement noir.

— Ne m'en parlez pas! ce matin l'eau gelait sur mon goupillon, et j'étais raide comme une momie sur ma chaise à la porte de l'église. Ah, mon garçon! tout n'est pas rose dans le métier de donneur d'eau bénite...

— Heureusement, il y a les profits...

— Allons, bonne chance... N'oubliez pas, numéro 5... la petite allée à côté de la boutique du teinturier.

— C'est dit, c'est dit...

Et les deux hommes se séparèrent.

L'un gagna la place du Cloître; l'autre se dirigea au contraire vers l'extrémité de la ruelle qui débouche rue Saint-Merri, et ne fut pas long-temps à trouver le numéro de la maison qu'il cherchait : maison haute et étroite, et, comme toutes celles de cette rue, d'une triste et misérable apparence.

De ce moment, l'homme commença de se promener de long en large devant la porte de l'allée du numéro 5.

Si l'extérieur de ces demeures était repoussant, rien ne saurait donner une idée de leur intérieur lugubre, nauséabond ; la maison numéro 5 était surtout dans un état de délabrement et de malpropreté affreux à voir...

L'eau qui suintait des murailles ruisselait dans l'escalier sombre et boueux ; au second étage on avait mis sur l'étroit palier quelques brassées de paille pour que l'on pût s'y essuyer les pieds ; mais cette paille, changée en fumier, augmentait encore cette odeur énervante, inexprimable, qui résulte du manque d'air, de l'humidité et des putrides exhalaisons des plombs : car quelques rares ouvertures, pratiquées dans la cage de l'escalier, y jetaient à peine quelques lueurs d'une lumière blafarde.

Dans ce quartier, l'un des plus populeux de Paris, ces maisons sordides, froides, malsaines, sont généralement habitées par la classe ouvrière qui y vit entassée.

La demeure dont nous parlons était de ce nombre.

Un teinturier occupait le rez-de-chaussée; les exhalaisons délétères de son officine augmentaient encore la fétidité de cette masure. De petits ménages d'artisans, quelques ouvriers travaillant en chambrées, étaient logés aux étages supérieurs; dans l'une des pièces du quatrième demeurait Françoise Baudoin, femme de Dagobert.

Une chandelle éclairait cet humble logis, composé d'une chambre et d'un cabinet; Agricol occupait une petite mansarde dans les combles.

Un vieux papier d'une couleur grisâtre, çà et là fendu par les lézardes du mur, tapissait la muraille où s'appuyait le lit; de petits rideaux fixés à une tringle de fer cachaient les vitres; le carreau, non ciré mais lavé, conservait sa couleur de brique; à l'une des extrémités de cette pièce était un poêle de fonte rond contenant une marmite où se faisait la cuisine ; sur la commode de bois blanc peint en jaune veiné de brun, on voyait une maison de fer en miniature, chef-d'œuvre de patience et d'adresse, dont toutes les pièces avaient été façonnées et ajustées par Agricol Baudoin (fils de Dagobert).

Un christ de plâtre, accroché au mur et entouré de plusieurs rameaux de buis bénit, quelques images de saints grossièrement coloriées, témoignaient des habitudes dévotieuses de la femme du soldat; une de ces grandes armoires de noyer, contournées, rendues presque noires par le temps, était placée entre les deux croisées; un vieux fauteuil garni de velours d'Utrecht vert (premier présent fait à sa mère par Agricol), quelques chaises de paille et une table de travail où l'on voyait plusieurs sacs de grosse toile bise, tel était l'ameublement de cette pièce mal close par une porte vermoulue; un cabinet y attenant renfermait quelques ustensiles de cuisine et de ménage.

Si triste, si pauvre que semble peut-être cet intérieur, il n'est tel pourtant que pour un très-petit nombre d'artisans, relativement *aisés;* car le lit était garni de deux matelas, de draps blancs et d'une chaude couverture; la grande armoire contenait du linge; enfin la femme de Dagobert occupait seule une chambre aussi grande que celles où de nombreuses familles d'artisans honnêtes et laborieux vivent et couchent d'ordinaire en commun, bien heureux lorsqu'ils peuvent donner aux filles et aux garçons un lit séparé, bien heureux lorsque la couverture ou l'un des draps du lit n'a pas été engagé au Mont-de-Piété!

Françoise Baudoin, assise auprès du petit poêle de fonte, qui, par ce temps froid et humide, répandait bien peu de chaleur dans cette pièce mal close, s'occupait de préparer le repas du soir de son fils Agricol.

La femme de Dagobert avait cinquante ans environ; elle portait une camisole d'indienne bleue à petits bouquets blancs et un jupon de futaine; un béguin blanc entourait sa tête et se nouait sous son menton.

Son visage était pâle et maigre, ses traits réguliers; sa physionomie exprimait une résignation, une bonté parfaites. On ne pouvait en effet trouver une meilleure, une plus vaillante mère : sans autre ressource que son travail, elle était parvenue, à force d'énergie, à élever non-seulement son fils Agricol, mais encore Gabriel, pauvre enfant abandonné, qu'elle avait eu l'admirable courage de prendre à sa charge.

Dans sa jeunesse elle avait, pour ainsi dire, escompté sa santé à venir pour douze années lucratives, rendues telles par un travail exagéré, écrasant, que de dures privations rendaient presque homicide ; car alors (et c'était un temps de salaire splendide comparé au temps présent), à force de veilles, à force de labeur acharné, Françoise avait quelquefois pu gagner jusqu'à cinquante sous par jour, avec lesquels elle était parvenue à élever son fils et son enfant adoptif...

Au bout de ces douze années sa santé fut ruinée, ses forces presque à bout ; mais au moins les deux enfants n'avaient manqué de rien et avaient reçu l'éducation que le peuple peut donner à ses fils : Agricol entrait en apprentissage chez M. François Hardy, et Gabriel se préparait à entrer au séminaire par la protection très-empressée de M. Rodin, dont les rapports étaient devenus, depuis 1820 environ, très-fréquents avec le confesseur de Françoise Baudoin; car elle avait été et était toujours d'une piété peu éclairée, mais excessive.

Cette femme était une de ces natures d'une simplicité, d'une bonté adorables, un de ces martyrs de dévouements ignorés qui touchent quelquefois à l'héroïsme... Ames saintes, naïves, chez lesquelles l'instinct du cœur supplée à l'intelligence.

Le seul défaut ou plutôt la seule conséquence de cette candeur aveugle était une obstination invincible lorsque Françoise croyait devoir obéir à l'influence de son confesseur, qu'elle était habituée à subir depuis longues années; cette influence lui paraissant des plus vénérables, des plus saintes, aucune puissance, aucune considération humaine n'auraient pu l'empêcher de s'y soumettre: en cas de discussion à ce sujet, rien au monde ne faisait fléchir cette excellente femme; sa résistance, sans colère, sans emportements, était douce comme son caractère, calme comme sa conscience, mais aussi, comme elle... inébranlable.

Françoise Baudoin était, en un mot, un de ces êtres purs, ignorants et crédules, qui peuvent, quelquefois à leur insu, devenir des instruments terribles entre d'habiles et dangereuses mains.

Depuis assez long-temps le mauvais état de sa santé et surtout le considérable affaiblissement de sa vue lui imposaient un repos forcé; car à peine pouvait-elle travailler deux ou trois heures par jour : elle passait le reste du temps à l'église.

Au bout de quelques instants Françoise se leva, débarrassa un des côtés de la table de plusieurs sacs de grosse toile grise, et disposa le couvert de son fils avec un soin, avec une sollicitude maternelle. Elle alla prendre dans l'armoire un petit sac de peau renfermant une vieille timbale d'argent bossuée et un léger couvert d'argent, si mince, si usé, que la cuiller était tranchante. Elle essuya, frotta le tout de son mieux, et plaça près de l'assiette de son fils cette *argenterie*, présent de noces de Dagobert.

C'était ce que Françoise possédait de plus précieux, autant par sa mince valeur que par les souvenirs qui s'y rattachaient ; aussi avait-elle souvent versé des larmes amères lorsqu'il lui avait fallu, dans des extrémités pressantes, en suite de maladie ou de chômage, porter au Mont-de-Piété ce couvert et cette timbale sacrés pour elle.

Françoise prit ensuite, sur la planche inférieure de l'armoire, une bouteille d'eau et une bouteille de vin aux trois quarts remplie, et les plaça près de l'assiette de son fils, puis elle retourna surveiller le souper.

Quoique Agricol ne fût pas fort en retard, la physionomie de sa mère exprimait autant d'inquiétude que de tristesse ; on voyait à ses yeux rougis qu'elle avait beaucoup pleuré.

La pauvre femme, après de douloureuses et longues incertitudes, venait d'acquérir la conviction que sa vue, depuis long-temps très-affaiblie, ne lui permettrait bientôt plus de travailler même deux ou trois heures par jour, ainsi qu'elle avait coutume de le faire.

D'abord excellente ouvrière en lingerie, à mesure que ses yeux s'étaient fatigués elle avait dû s'occuper de couture de plus en plus grossière et son gain avait nécessairement diminué en proportion ; enfin elle s'était vue réduite à la confection de sacs de campement, qui comportent environ douze pieds de couture : on lui payait ces sacs à raison de deux sous chacun, et elle fournissait le fil. Cet ouvrage étant très-pénible, elle pouvait au plus parfaire trois de ces sacs en une journée; son salaire était ainsi de *six sous*.

On frémit quand on pense au grand nombre de malheureuses femmes dont l'épuisement, les privations, l'âge, la maladie ont tellement diminué les forces, ruiné la santé, que tout le labeur dont elles sont capables leur peut à peine rapporter quotidiennement cette somme si minime... Ainsi leur gain décroît en proportion des nouveaux besoins que la vieillesse et les infirmités leur créent...

Heureusement Françoise avait dans son fils un digne soutien : excellent ouvrier, profitant de la juste répartition des salaires et des bénéfices accordés par M. Hardy, son labeur lui rapportait cinq à six francs par jour, c'est-à-dire plus du double de ce que gagnaient les ouvriers d'autres établissements ; il aurait donc pu, même en admettant que sa mère ne gagnât rien, vivre aisément lui et elle.

Mais la pauvre femme, si merveilleusement économe qu'elle se refusait presque le nécessaire, était devenue, depuis qu'elle fréquentait quotidiennement et assidûment sa paroisse, d'une prodigalité ruineuse à l'endroit de la sacristie.

Il ne se passait presque pas de jour où elle ne fît dire une ou deux messes et brûler des cierges, soit à l'intention de Dagobert, dont elle était séparée depuis si long-temps, soit pour le salut de l'âme de son fils, qu'elle croyait en pleine voie de perdition. Agricol avait un si bon, un si généreux cœur ; il aimait, il vénérait tant sa mère, et le sentiment qui inspirait celle-ci était d'ailleurs si touchant, que jamais il ne s'était plaint de ce qu'une grande partie de sa paie (qu'il remettait scrupuleusement à sa mère chaque samedi) passât ainsi en œuvres pies.

Quelquefois seulement il avait fait observer à Françoise, avec autant de respect que de tendresse, qu'il souffrait de la voir supporter des privations que son âge et sa santé rendaient doublement fâcheuses, et cela parce qu'elle voulait de préférence subvenir à ses petites dépenses de dévotion.

Mais que répondre à cette excellente mère, lorsqu'elle lui disait les larmes aux yeux :

— Mon enfant, c'est pour le salut de ton père et pour le tien...

Vouloir discuter avec Françoise l'efficacité des messes et l'influence des cierges sur le salut présent ou futur du vieux Dagobert, c'eût été aborder une de ces questions qu'Agricol s'était à jamais interdit de soulever par respect pour sa mère et pour ses croyances; il se résignait donc à ne pas la voir entourée de tout le bien-être dont il eût désiré la voir jouir.

A un petit coup bien discrètement frappé à la porte, Françoise répondit : — Entrez.

On entra.

CHAPITRE XII.

LA SOEUR DE LA REINE BACCHANAL.

La personne qui venait d'entrer chez la femme de Dagobert était une jeune fille de dix-huit ans environ, de petite taille et cruellement contrefaite; sans être positivement bossue, elle avait la taille très-déviée, le dos voûté, la poitrine creuse et la tête profondément enfoncée entre les épaules; sa figure, assez régulière, longue, maigre, fort pâle, marquée de petite vérole, exprimait une grande douceur et une grande tristesse: ses yeux bleus étaient remplis d'intelligence et de bonté. Par un singulier caprice de la nature, la plus jolie femme du monde eût été fière de la longue et magnifique chevelure brune qui se tordait en une grosse natte derrière la tête de cette jeune fille.

Elle tenait un vieux panier à la main. Quoiqu'elle fût misérablement vêtue, le soin et la propreté de son ajustement luttaient autant que possible contre une excessive pauvreté; malgré le froid, elle portait une mauvaise petite robe d'indienne d'une couleur indéfinissable, mouchetée de taches blanchâtres, étoffe si souvent lavée, que sa nuance primitive, ainsi que son dessin, s'étaient complétement effacés.

Sur le visage souffrant et résigné de cette créature infortunée, on lisait l'habitude de toutes les misères, de toutes les douleurs, de tous les dédains; depuis sa triste naissance la raillerie l'avait toujours poursuivie; elle était, nous l'avons dit, cruellement contrefaite, et par suite d'une locution vulgaire et proverbiale on l'avait baptisée *la Mayeux;* du reste, on trouvait si naturel de lui donner ce nom grotesque qui lui rappelait à chaque instant son infirmité, qu'entraînés par l'habitude, Françoise et Agricol, aussi compatissants envers elle que d'autres se montraient méprisants et moqueurs, ne l'appelaient jamais autrement.

La Mayeux, nous la nommerons ainsi désormais, était née dans cette maison que la femme de Dagobert occupait depuis plus de vingt ans; la jeune fille avait été pour ainsi dire élevée avec Agricol et Gabriel.

Il y a de pauvres êtres fatalement voués au malheur; *la Mayeux* avait une très-jolie sœur, à qui Perrine Soliveau leur mère commune, veuve d'un petit commerçant ruiné, avait réservé son aveugle et absurde tendresse, n'ayant pour sa fille disgraciée que dédain et duretés; celle-ci venait pleurer auprès de Françoise, qui la consolait, qui l'encourageait et qui, pour la distraire le soir à la veillée, lui montrait à lire et à coudre.

Habitués par l'exemple de leur mère à la commisération, au lieu d'imiter les autres enfants, assez enclins à railler, à tourmenter et souvent même à battre la petite Mayeux, Agricol et Gabriel l'aimaient, la protégeaient, la défendaient.

Elle avait quinze ans, et sa sœur Céphyse dix-sept ans, lorsque leur mère mourut, les laissant toutes deux dans une affreuse misère.

Céphyse était intelligente, active, adroite ; mais, au contraire de sa sœur, c'était une de ces natures vivaces, remuantes, alertes, chez qui la vie surabonde, qui ont besoin d'air, de mouvement, de plaisirs ; bonne fille du reste, quoique stupidement gâtée par sa mère.

Céphyse écouta d'abord les sages conseils de Françoise, se contraignit, se résigna, apprit à coudre et travailla, comme sa sœur, pendant une année ; mais incapable de résister plus long-temps aux atroces privations que lui imposait l'effrayante modicité de son salaire, malgré son labeur assidu, privations qui allaient jusqu'à endurer le froid et surtout la faim ; Céphyse, jeune, jolie, ardente, entourée de séductions et d'offres brillantes... brillantes pour elle, car elles se réduisaient à lui donner le moyen de manger à sa faim, de ne pas souffrir du froid, d'être proprement vêtue et de ne pas travailler quinze heures par jour dans un taudis obscur et malsain, Céphyse écouta les *vœux* d'un clerc d'avoué, qui l'abandonna plus tard ; alors elle se lia avec un commis-marchand, qu'à son tour, instruite par l'exemple, elle quitta pour un commis-voyageur... qu'elle délaissa pour d'autres favoris.

Bref, d'abandons en changements, au bout d'une ou deux années, Céphyse devenue l'idole d'un monde de grisettes, d'étudiants et de commis, acquit une telle réputation dans les bals des barrières par son caractère décidé, par son esprit vraiment original, par son ardeur infatigable pour tous les plaisirs, et surtout par sa gaieté folle et tapageuse, qu'elle fut unanimement surnommée la *reine Bacchanal*, et elle se montra de tous points digne de cette étourdissante royauté.

Depuis cette bruyante intronisation, la pauvre *Mayeux* n'entendit plus parler de sa sœur aînée qu'à de rares intervalles ; elle la regretta toujours et continua de travailler assidûment, gagnant à grand'peine *quatre francs* par semaine.

La jeune fille ayant appris de Françoise la couture du linge, confectionnait de grosses chemises pour le peuple et pour l'armée ; on les lui payait *trois francs la douzaine;* il fallait les ourler, ajuster les cols, les échancrer, faire les boutonnières et coudre les boutons : c'est donc tout au plus si elle parvenait, en travaillant douze ou quinze heures par jour, à confectionner quatorze ou seize chemises en huit jours...

Résultat de travail qui lui donnait en moyenne un salaire de *quatre francs* par semaine.

Et cette malheureuse fille ne se trouvait pas dans un cas exceptionnel ou accidentel.

Non... des milliers d'ouvrières n'avaient pas alors, n'ont pas de nos jours un gain plus élevé.

Et cela parce que la rémunération du travail des femmes est d'une injustice révoltante, d'une barbarie sauvage; on les paye deux fois moins que les hommes qui s'occupent pareillement de couture, tels que tailleurs, giletiers, gantiers, etc., etc., cela sans doute parce que les femmes travaillent autant qu'eux... cela sans doute parce que les femmes sont faibles, délicates, et que souvent encore la maternité vient doubler leurs besoins.

La Mayeux vivait donc avec QUATRE FRANCS PAR SEMAINE...

Elle vivait... c'est-à-dire qu'en travaillant avec ardeur douze à quinze heures chaque jour, elle parvenait à ne pas mourir tout de suite de faim, de froid et de misère, tant elle endurait de cruelles privations.

— Privations... non.

Privation exprime mal ce dénûment continu, terrible, de tout ce qui est absolument indispensable pour conserver au corps la santé, la vie que Dieu lui a donnée, à savoir : — un air et un abri salubre, une nourriture saine et suffisante, un vêtement chaud...

Mortification exprimerait mieux le manque complet de ces choses essentiellement vitales, qu'une société équitablement organisée devrait, oui, devrait forcément à tout travailleur actif et probe, puisque la civilisation l'a dépossédé de tout droit au sol, et qu'il naît avec ses bras pour seul patrimoine.

Le sauvage ne jouit pas des avantages de la civilisation, mais du moins il a pour se nourrir les animaux des forêts, les oiseaux de l'air, le poisson des rivières, les fruits de la terre, et, pour s'abriter et se chauffer, les arbres des grands bois.

Le civilisé, déshérité de ces dons de Dieu, le civilisé qui regarde la propriété comme sainte et sacrée, peut donc en retour de son rude labeur quotidien, qui enrichit le pays, peut donc demander un salaire suffisant pour *vivre sainement,* rien de plus, rien de moins.

Car est-ce vivre que se traîner sans cesse sur cette limite extrême qui sépare la vie de la tombe, et d'y lutter contre le froid, la faim, la maladie?

Et pour montrer jusqu'où peut aller cette *mortification* que la société impose inexorablement à des milliers d'êtres honnêtes et laborieux, par son impitoyable insouciance de toutes les questions qui touchent à une juste rémunération du travail, nous allons constater de quelle façon une pauvre jeune fille peut exister avec *quatre francs* par semaine.

Peut-être alors saura-t-on du moins gré à tant d'infortunées créatures de supporter avec résignation, cette horrible existence qui leur donne juste assez de vie pour ressentir toutes les douleurs de l'humanité.

Oui... vivre à ce prix... c'est de la vertu ;

oui, une société ainsi organisée, qu'elle tolère ou qu'elle impose tant de misères, perd le droit de blâmer les infortunées qui se vendent, non par débauche, mais presque toujours parce qu'elles ont froid, parce qu'elles ont faim.

Voici donc comment vivait cette jeune fille avec ses quatre francs par semaine :

Trois kilog. de pain 2e qualité, 84 cent.

Deux voies d'eau, 20 cent.

Graisse ou saindoux (le beurre est trop cher), 50 cent.

Sel gris, 7 cent.

Un boisseau de charbon, 40 cent.

Un litre de légumes secs, 30 cent.

Trois litres de pommes de terre, 20 cent.

Chandelle, 33 cent.

Fil et aiguilles, 25 cent.

Total : 3 fr. 9 centimes.

Enfin, pour économiser le charbon, la Mayeux préparait une espèce de soupe seulement deux ou trois fois au plus par semaine dans un poêlon sur le carré du quatrième étage. Les autres jours elle la mangeait froide.

Il restait donc à la Mayeux pour se loger, se vêtir et se chauffer, 91 c. par semaine (1).

Par un rare bonheur elle se trouvait dans une position *exceptionnelle* : afin de ne pas blesser sa délicatesse qui était extrême, Agricol s'entendait avec le portier, et celui-ci avait

---

(1) Quelques-uns de ces détails statistiques, que nous avons soumis à une épreuve contradictoire et qui se sont trouvés encore plus affligeants que nous ne les avons montrés, sont empruntés à un excellent travail de M. Jamona, ouvrier mécanicien, publié dans la *Ruche Populaire*, journal rédigé par des ouvriers avec autant de mesure que de sincérité, sous la direction de M. Duquesne, ouvrier imprimeur. M. Jamona ajoute, et ne dit que trop vrai :

« — Nous avons vu des femmes et des enfants vivre des » mois entiers de soupe sans beurre ni graisse — c'était du » pain que l'on faisait bouillir dans l'eau avec une poignée » de sel. »

M. Jamona fait ensuite remarquer avec raison que l'ouvrière ne peut pas acheter ses provisions en gros, le maître n'ayant pas toujours du travail à lui donner ; ainsi elle est souvent obligée d'acheter une livre de pain, un sou de sel, une chandelle, etc., etc. : il y a donc encore perte pour elle, les fractions étant toujours au profit du détaillant.

Nous ajouterons, nous, qu'en toutes circonstances le pauvre paye presque doublement plus cher que le riche, parce que le premier est obligé d'acheter en détail et sans crédit. Ainsi la valeur d'une voie de bois prise en détail par falourdes revient au pauvre à plus de 75 francs.

loué à la jeune fille, moyennant 12 fr. par an, un cabinet dans les combles, où il y avait juste la place d'un petit lit, d'une chaise et d'une table; Agricol payait 18 fr., qui complétaient les 30 francs, prix réel de la location du cabinet; il restait donc à la Mayeux environ 1 fr. 70 c. par mois pour son entretien.

Quant aux nombreuses ouvrières qui, ne gagnant pas plus que la Mayeux, ne se trouvent pas dans une position aussi *heureuse* que la sienne, lorsqu'elles n'ont ni logis ni famille, elles achètent un morceau de pain et quelqu'autre aliment pour leur journée, et, moyennant un ou deux sous par nuit, elles partagent la couche d'une compagne dans une misérable chambre garnie où se trouvent généralement cinq ou six lits, dont plusieurs sont toujours occupés par des hommes, ceux-ci étant les hôtes les plus nombreux.

Oui, et malgré l'horrible dégoût qu'une malheureuse fille honnête et pure éprouve à cette communauté de demeure, il faut qu'elle s'y soumette; un *logeur* ne peut diviser sa maison en chambres d'hommes et en chambres de femmes...

Pour qu'une ouvrière puisse se *mettre dans ses meubles*, si misérable que soit son installation, il lui faut dépenser au moins 30 ou 40 francs comptant. Or, comment prélever 30 ou *40 francs comptant* sur un salaire de 4 ou 5 francs par semaine, qui suffit, on le répète, à peine à se vêtir et à ne pas absolument mourir de faim ?

Non, non, il faut que la malheureuse se résigne à cette répugnante cohabitation ; aussi peu à peu l'instinct de la pudeur s'émousse forcément ; ce sentiment de chasteté naturelle qui a pu jusqu'alors la défendre des obsessions de la débauche... s'affaiblit chez elle ; dans le vice elle ne voit plus qu'un moyen d'améliorer un peu un sort intolérable... elle cède alors... et le premier agioteur qui peut donner une gouvernante à ses filles s'exclame sur la corruption, sur la dégradation des enfants du peuple...

Et encore l'existence de ces ouvrières, si pénible qu'elle soit, est relativement *heureuse*...

Et si l'ouvrage manque un jour, deux jours ?

Et si la maladie vient ? Maladie presque toujours due à l'insuffisance ou à l'insalubrité de la nourriture, au manque d'air, de soins, de repos ; maladie souvent assez énervante pour empêcher presque tout travail, et pas assez dangereuse pour *mériter* la faveur d'un lit dans un hôpital...

Alors que deviennent ces infortunées? En vérité la pensée hésite à se reposer sur de si lugubres tableaux.

Cette insuffisance de salaires, source unique, effrayante de tant de douleurs, de tant de vices souvent... cette insuffisance de salaires est générale surtout chez les femmes : encore une fois il ne s'agit pas ici de misères individuelles, mais d'une misère qui atteint des classes entières. Le type que nous allons tâcher de développer dans la Mayeux résume la condition morale et matérielle de milliers de créatures humaines obligées de vivre à Paris avec 4 francs par semaine.

. . . .

La pauvre ouvrière, malgré les avantages qu'elle devait, sans le savoir, à la générosité d'Agricol, vivait donc misérablement ; sa santé, déjà chétive, s'était profondément altérée à la suite de tant de mortifications ; pourtant, par un sentiment de délicatesse extrême, et bien qu'elle ignorât le léger sacrifice fait pour elle par Agricol, la Mayeux prétendait gagner un peu plus qu'elle ne gagnait réellement afin de s'épargner des offres de service qui lui eussent été doublement pénibles, et parce qu'elle savait la position gênée de Françoise et de son fils, et parce qu'elle se fût sentie blessée dans sa susceptibilité naturelle encore exaltée par des chagrins et des humiliations sans nombre.

Mais, chose rare, ce corps difforme renfermait une âme aimante et généreuse, un esprit cultivé... cultivé jusqu'à la poésie ; hâtons-nous d'ajouter que ce phénomène était dû à l'exemple d'Agricol Baudoin, avec qui la Mayeux avait été élevée, et chez lequel l'instinct poétique s'était naturellement révélé.

La pauvre fille avait été la première confidente des essais littéraires du jeune forgeron ; et lorsqu'il lui parla du charme, du délassement extrême qu'il trouvait après une dure journée de travail dans la rêverie poétique, l'ouvrière, douée d'un esprit naturel remarquable, sentit à son tour de quelle ressource pourrait lui être cette distraction, à elle toujours si solitaire, si dédaignée.

Un jour, au grand étonnement d'Agricol qui venait de lui lire une pièce de vers, la bonne Mayeux rougit, balbutia, sourit timidement et enfin lui fit aussi sa confidence poétique.

Les vers manquaient peut-être de rhythme, d'harmonie, mais ils étaient simples, touchants comme une plainte sans amertume confiée au cœur d'un ami... Depuis ce jour Agricol et elle se consultèrent, s'encouragèrent mutuellement; mais, sauf lui, personne au monde ne fut instruit des essais poétiques de la Mayeux, qui du reste, grâce à sa timidité sauvage, passait pour sotte.

Il fallait que l'âme de cette infortunée fût grande et belle, car jamais dans ses chants ignorés il n'y eut un seul mot de colère ou de haine contre le sort fatal dont elle était victime; c'était une plainte triste mais douce, désespérée mais résignée; c'étaient surtout des accents d'une tendresse infinie, d'une sympathie douloureuse, d'une angélique charité pour tous les pauvres êtres voués comme elle au double fardeau de la laideur et de la misère.

Pourtant elle exprimait souvent une admiration naïve et sincère pour la beauté, et cela toujours sans envie, sans amertume; elle admirait la beauté comme elle admirait le soleil...

Mais hélas!... il y eut bien des vers de la Mayeux qu'Agricol ne connaissait pas et qu'il ne devait jamais connaître ; le jeune forgeron, sans être régulièrement beau, avait une figure mâle et loyale, autant de bonté que de courage, un cœur noble, ardent, généreux, un esprit peu commun, une gaieté douce et franche.

La jeune fille, élevée avec lui, l'aima comme peut aimer une créature infortunée, qui, dans la crainte d'un ridicule atroce, est obligée de cacher son amour au plus profond de son cœur... Obligée à cette réserve, à cette dissimulation profonde, la Mayeux ne chercha pas à fuir cet amour. A quoi bon? Qui le saurait jamais? Son affection fraternelle, bien connue pour Agricol, suffisait à expliquer l'intérêt qu'elle lui portait; aussi n'était-on pas surpris des mortelles angoisses de la jeune ouvrière lorsqu'en 1830, après avoir intrépidement combattu, Agricol avait été rapporté sanglant chez sa mère.

Enfin, trompé comme tous par l'apparence de ce sentiment, jamais le fils de Dagobert n'avait soupçonné et ne devait soupçonner l'amour de la Mayeux.

Telle était donc la jeune fille pauvrement vêtue qui entra dans la chambre où Françoise s'occupait des préparatifs du souper de son fils.

— C'est toi, ma pauvre Mayeux — lui dit-elle — je ne t'ai pas vue ce matin; tu n'as pas été malade?... Viens donc m'embrasser.

La jeune fille embrassa la mère d'Agricol, et répondit :

— J'avais un travail très-pressé, madame Françoise; je n'ai pas voulu perdre un moment, je viens seulement de le terminer... Je vais descendre pour chercher du charbon : n'avez-vous besoin de rien?

— Non, mon enfant... merci... mais tu me vois bien inquiète... Voilà huit heures et demie... Agricol n'est pas encore rentré... — Puis elle ajouta avec un soupir : — Il se tue de travail pour moi. Ah! je suis bien malheureuse, ma pauvre Mayeux... mes yeux sont complétement perdus :... au bout d'un quart d'heure ma vue se trouble... je n'y vois plus... plus du tout... même à coudre ces sacs... Être à la charge de mon fils... ça me désole.

— Ah! madame Françoise, si Agricol vous entendait!...

— Je le sais bien, le cher enfant ne songe qu'à moi... c'est ce qui rend mon chagrin plus grand... Et puis enfin, je songe toujours que, pour ne pas me quitter, il renonce à l'avantage que tous ses camarades trouvent chez M. Hardy, son digne et excellent bourgeois... Au lieu d'habiter ici sa triste mansarde, où il fait à peine clair en plein midi, il aurait, comme les autres ouvriers de l'établissement, et à peu de frais, une bonne chambre bien claire, bien chauffée dans l'hiver, bien aérée dans l'été, avec vue sur des jardins, lui qui aime tant les arbres; sans compter qu'il y a si loin d'ici à son atelier, qui est situé hors

Paris, que c'est pour lui une fatigue de venir ici...

— Mais il oublie cette fatigue-là en vous embrassant, madame Baudoin; et puis il sait combien vous tenez à cette maison où il est né... M. Hardy vous avait offert de venir vous établir au Plessy, dans le bâtiment des ouvriers, avec Agricol.

— Oui, mon enfant, mais il aurait fallu abandonner ma paroisse... et je ne le pouvais pas.

—Mais, tenez, madame Françoise, rassurez-vous, le voici... je l'entends — dit la Mayeux en rougissant.

En effet, un chant plein, sonore et joyeux retentit dans l'escalier.

— Qu'il ne me voie pas pleurer au moins — dit la bonne mère en essuyant ses yeux remplis de larmes — il n'a que cette heure de repos et de tranquillité après son travail;... que je ne la lui rende pas du moins pénible.

CHAPITRE XIII.

AGRICOL BAUDOIN.

Le poète forgeron était un grand garçon de vingt-quatre ans environ, alerte et robuste, au teint hâlé, aux cheveux et aux yeux noirs, au nez aquilin, à la physionomie hardie, expressive et ouverte; sa ressemblance avec Dagobert était d'autant plus frappante qu'il portait, selon la mode d'alors, une épaisse moustache brune, et que sa barbe, taillée en pointe, lui couvrait seulement le menton; ses joues étaient d'ailleurs rasées depuis l'angle de la mâchoire jusqu'aux tempes; un pantalon de velours olive, une blouse bleue bronzée à la fumée de la forge, une cravate noire négligemment nouée autour de son cou nerveux, une casquette de drap à courte visière, tel était le costume d'Agricol; la seule chose qui contrastât singulièrement avec ces habits de travail était une magnifique et large fleur d'un pourpre foncé, à pistils d'un blanc d'argent, que le forgeron tenait à la main.

— Bonsoir, bonne mère... — dit-il en entrant et en allant aussitôt embrasser Françoise — puis, faisant un signe de tête amical à la jeune fille, il ajouta : — Bonsoir, ma petite Mayeux.

— Il me semble que tu es bien en retard, mon enfant... — dit Françoise en se dirigeant vers le petit poêle où était le modeste repas de son fils — je commençais à m'inquiéter...

— A t'inquiéter pour moi... ou pour mon souper, chère mère? — dit gaiement Agricol. — Diable... c'est que tu ne me pardonnerais pas de faire attendre le bon petit repas que tu me prépares, et cela dans la crainte qu'il soit moins bon... Gourmande... va !

Et ce disant, le forgeron voulut encore embrasser sa mère.

— Mais finis donc... vilain enfant... tu vas me faire renverser le poêlon.

— Ça serait dommage, bonne mère, car ça embaume... Laissez-moi voir ce que c'est...

— Mais non... attends donc...

— Je parie qu'il s'agit de certaines pommes de terre au lard que j'adore.

— Un samedi, n'est-ce pas? — dit Françoise d'un ton de doux reproche.

— C'est vrai — dit Agricol en échangeant avec la Mayeux un sourire d'innocente malice; — mais à propos de samedi — ajouta-t-il — tenez, ma mère, voilà ma paye.

— Merci, mon enfant, mets-la dans l'armoire.

— Oui, ma mère.

— Ah! mon Dieu! — dit tout à coup la jeune ouvrière, au moment où Agricol allait mettre son argent dans l'armoire — quelle belle fleur tu as à la main, Agricol!... je n'en ai jamais vu de pareille... et en plein hiver encore... Regardez donc, madame Françoise.

— Hein, ma mère? — dit Agricol en s'approchant de sa mère pour lui montrer la fleur de plus près. — Regardez, admirez, et surtout sentez... car il est impossible de trouver une odeur plus douce, plus agréable... c'est un mélange de vanille et de fleur d'oranger (1).

— C'est vrai, mon enfant, ça embaume : Mon Dieu! que c'est donc beau! — dit Françoise en joignant les mains avec admiration. — Où as-tu trouvé cela?

— Trouvé, ma bonne mère? — dit Agricol en riant. — Diable! vous croyez que l'on fait de ces trouvailles-là en venant de la barrière du Maine à la rue Brise-Miche?

— Et comment donc l'as-tu, alors? — dit la Mayeux qui partageait la curiosité de Françoise.

— Ah! voilà... vous voudriez bien le savoir... eh bien! je vais vous satisfaire... cela t'expliquera pourquoi je rentre si tard, ma bonne mère... car autre chose encore m'a attardé : c'est vraiment la soirée aux aventures... Je m'en revenais donc d'un bon pas; j'étais déjà au coin de la rue de Babylone, lorsque j'entends un petit jappement doux et

(1) Fleur magnifique du *Crinum amabile*, admirable plante bulbeuse de serre-chaude.

plaintif; il faisait encore un peu jour... je regarde... c'était la plus jolie petite chienne qu'on puisse voir, grosse comme le poing, noire et feu, avec des soies et des oreilles traînant jusque sur ses pattes.

— C'était un chien perdu, bien sûr — dit Françoise.

— Justement. Je prends donc la pauvre petite bête qui se met à me lécher les mains; elle avait autour du cou un large ruban de satin rouge, noué avec une grosse bouffette; ça ne me disait pas le nom de son maître; je regarde sous le ruban, et je vois un petit collier fait de chaînettes d'or ou de vermeil, avec une petite plaque;.. je prends une allumette chimique dans ma boîte à tabac; je frotte, j'ai assez de clarté pour lire, et je lis : LUTINE : *appartient à mademoiselle Adrienne de Cardoville, rue de Babylone, numéro 7.*

— Heureusement tu te trouvais dans la rue — dit la Mayeux.

— Comme tu dis; je prends la petite bête sous mon bras, je m'oriente, j'arrive le long d'un grand mur de jardin qui n'en finissait pas, et je trouve enfin la porte d'un petit pavillon qui dépend sans doute d'un grand hôtel situé à l'autre bout du mur du parc, car ce jardin a l'air d'un parc;... je regarde en l'air et je vois le numéro 7, fraîchement peint au-dessus d'une petite porte à guichet; je sonne; au bout de quelques instants passés sans doute à m'examiner, car il me semble avoir vu deux yeux à travers le grillage du guichet, on m'ouvre... A partir de maintenant... vous n'allez plus me croire.

— Pourquoi donc, mon enfant?

— Parce que j'aurai l'air de vous faire un conte de fées.

— Un conte de fées? — dit la Mayeux.

— Absolument, car je suis encore tout ébloui, tout émerveillé de ce que j'ai vu... c'est comme le vague souvenir d'un rêve.

— Voyons donc, voyons donc — dit la bonne mère, si intéressée qu'elle ne s'apercevait pas que le souper de son fils commençait à épandre une légère odeur de brûlé.

— D'abord — reprit le forgeron en souriant de l'impatiente curiosité qu'il inspirait — c'est une jeune demoiselle qui m'ouvre, mais si jolie, mais si coquettement et si gracieusement habillée, qu'on eût dit un charmant portrait des temps passés; je n'avais pas dit un mot qu'elle s'écrie : — Ah! mon Dieu, monsieur, c'est Lutine; vous l'avez trouvée, vous la rapportez; combien mademoiselle Adrienne va être heureuse! Venez tout de suite, venez; elle regretterait trop de n'avoir pas eu le plaisir de vous remercier elle-même. — Et sans me laisser le temps de répondre, cette jeune fille me fait signe de la suivre... Dame, ma bonne mère, vous raconter ce que j'ai pu voir de magnificence en traversant un petit salon à demi éclairé, qui embaumait, ça me serait impossible; la jeune fille marchait trop vite; une porte s'ouvre : ah! c'était bien autre chose! C'est alors que j'ai eu un tel éblouissement, que je ne me rappelle rien qu'une espèce de miroitement d'or, de lumière, de cristal et de fleurs, et, au milieu de ce scintillement, une jeune demoiselle d'une beauté, oh! d'une beauté idéale... mais elle avait les cheveux roux ou plutôt brillants comme de l'or... C'était charmant; je n'ai de ma vie vu de cheveux pareils!.. Avec ça, des yeux noirs, des lèvres rouges et une blancheur éclatante, c'est tout ce que je me rappelle... car, je vous le répète, j'étais si surpris, si ébloui, que je voyais comme à travers un voile... — Mademoiselle — dit la jeune fille que je n'aurais jamais prise pour une femme de chambre, tant elle était élégamment vêtue — voilà Lutine, monsieur l'a trouvée, il la rapporte. — Ah! monsieur — me dit d'une voix douce et argentine la demoiselle aux cheveux dorés — que de remercîments j'ai à vous faire!... Je suis follement attachée à Lutine... — Puis, jugeant sans doute à mon costume qu'elle pouvait ou qu'elle devait peut-être me remercier autrement que par des paroles, elle prit une petite bourse de soie à côté d'elle et me dit, je dois l'avouer, avec hésitation : — Sans doute, monsieur, cela vous a beaucoup dérangé de me rapporter Lutine; peut-être avez vous perdu un temps précieux pour vous... permettez-moi... — et elle avança la bourse.

— Ah! Agricol — dit tristement la Mayeux — comme on se méprenait!

— Attends la fin... et tu lui pardonneras, à cette demoiselle. Voyant sans doute d'un clin-d'œil à ma mine que l'offre de la bourse m'avait vivement blessé, elle prend dans un magnifique vase de porcelaine placé à côté d'elle cette superbe fleur, et, s'adressant à moi avec un accent rempli de grâce et de bonté, qui laissait deviner qu'elle regrettait de m'avoir choqué, elle me dit :

— Au moins, monsieur, vous accepterez cette fleur...

— Tu as raison, Agricol — dit la Mayeux en souriant avec mélancolie — il est impossible de mieux réparer une erreur involontaire.

— Cette digne demoiselle — dit Françoise en essuyant ses yeux — comme elle devinait bien mon Agricol !

— N'est-ce pas, ma mère? Mais au moment où je prenais la fleur sans oser lever les yeux, car quoique je ne sois pas timide il y avait dans cette demoiselle, malgré sa bonté, quelque chose qui m'imposait, une porte s'ouvre, et une autre belle jeune fille, grande et brune, mise d'une façon bizarre et élégante, dit à la demoiselle rousse. — Mademoiselle, *il est là...* Aussitôt elle se lève et me dit : — Mille pardons, monsieur, je n'oublierai jamais que je vous ai dû un moment de vif plaisir... Veuillez, je vous en prie, en toute circonstance, vous rappeler mon adresse et mon nom, Adrienne de Cardoville. — Là-dessus elle disparaît. Je ne trouve pas un mot à répondre; la jeune fille me reconduit, me fait une jolie petite révérence à la porte, et me voilà dans la rue de Babylone, aussi ébloui, aussi étonné, je vous le répète, que si je sortais d'un palais enchanté...

— C'est vrai, mon enfant, ça a l'air d'un conte de fées; n'est-ce pas, ma pauvre Mayeux?

— Oui, madame Françoise — dit la jeune fille d'un ton distrait et rêveur qu'Agricol ne remarqua pas.

— Ce qui m'a touché — reprit-il — c'est que cette demoiselle, toute ravie qu'elle était de revoir sa petite bête et loin de m'oublier pour elle comme tant d'autres l'auraient fait à sa place, ne s'en est pas occupée devant moi; cela annonce du cœur et de la délicatesse, n'est-ce pas, Mayeux? Enfin, je crois cette demoiselle si bonne, si généreuse, que dans une circonstance importante je n'hésiterais pas à m'adresser à elle...

— Oui... tu as raison — répondit la Mayeux de plus en plus distraite.

La pauvre fille souffrait amèrement... Elle n'éprouvait aucune haine, aucune jalousie contre cette jeune personne inconnue, qui, par sa beauté, par son opulence, par la délicatesse de ses procédés, semblait appartenir à une sphère tellement haute et éblouissante que la vue de la Mayeux ne pouvait pas seulement y atteindre... Mais, faisant involontairement un douloureux retour sur elle-même, jamais peut-être l'infortunée n'avait plus cruellement ressenti le poids de la laideur et de la misère...

Et pourtant telle était l'humble et douce résignation de cette noble créature, que la seule chose qui l'eût un instant indisposée contre Adrienne de Cardoville avait été l'offre d'une bourse à Agricol; mais la façon charmante dont la jeune fille avait réparé cette erreur touchait profondément la Mayeux...

Cependant son cœur se brisait; cependant elle ne pouvait retenir ses larmes en contemplant cette magnifique fleur si brillante, si parfumée, qui, donnée par une main charmante, devait être si précieuse à Agricol.

— Maintenant, ma mère — reprit en riant le jeune forgeron qui ne s'était pas aperçu de la pénible émotion de la Mayeux — vous avez mangé votre pain blanc le premier en fait d'histoires. Je viens de vous dire une des causes de mon retard... voici l'autre...Tout à l'heure... en entrant j'ai rencontré le teinturier au bas de l'escalier ; il avait les bras d'un vert lézard superbe ; il m'arrête et il me dit d'un air tout effaré qu'il avait cru voir un homme assez bien mis rôder autour de la maison comme s'il espionnait... — Eh bien ! qu'est-ce que ça vous fait, père Loriot ? — lui ai-je dit. — Est-ce que vous avez peur qu'on surprenne votre secret de faire ce beau vert dont vous êtes ganté jusqu'au coude ?

— Qu'est-ce que ça peut être, en effet, que cet homme, Agricol ? — dit Françoise.

— Ma foi, ma mère, je n'en sais rien, et je ne m'en occupe guère ; j'ai engagé le père Loriot, qui est bavard comme un geai, à retourner à sa cave, vu que d'être espionné devait lui importer aussi peu qu'à moi...

En disant ces mots, Agricol alla déposer le petit sac de cuir qui contenait sa paye dans le tiroir du milieu de l'armoire.

Au moment où Françoise posait son poêlon sur un coin de la table, la Mayeux sortant de sa rêverie remplit une cuvette d'eau et vint l'apporter au jeune forgeron, en lui disant d'une voix douce et timide :

— Agricol, pour tes mains.

— Merci, ma petite Mayeux... Es-tu gentille!.. — Puis, avec l'accent et le mouvement les plus naturels du monde, il ajouta : — Tiens, voilà ma belle fleur pour ta peine...

— Tu me la donnes!... — s'écria l'ouvrière d'une voix altérée, pendant qu'un vif incarnat colorait son pâle et intéressant visage — tu me la donnes... cette superbe fleur... que cette demoiselle si belle, si riche, si bonne, si gracieuse t'a donnée... — Et la pauvre Mayeux répéta avec une stupeur croissante : — Tu me la donnes!!...

— Que diable veux-tu que j'en fasse?... que je la mette sur mon cœur?.. que je la fasse monter en épingle? — dit Agricol en riant.

— J'ai été très-sensible, il est vrai, à la manière charmante dont cette demoiselle m'a remercié. Je suis ravi de lui avoir retrouvé sa petite chienne, et très-heureux de te donner cette fleur, puisqu'elle te fait plaisir... Tu vois que la journée a été bonne...

Et ce disant, pendant que la Mayeux recevait la fleur en tremblant de bonheur, d'émotion, de surprise, le jeune forgeron s'occupa de laver ses mains si noircies de limaille de fer et de fumée de charbon, qu'en un instant l'eau limpide devint noire.

Agricol, montrant du coin de l'œil cette métamorphose à la Mayeux, lui dit tout bas en riant :

— Voilà de l'encre économique pour nous autres barbouilleurs de papier... Hier, j'ai fini des vers dont je ne suis pas trop mécontent ; je te lirai ça.

En parlant ainsi, Agricol essuya naïvement ses mains au devant de sa blouse, pendant que la Mayeux reportait la cuvette sur la commode, et posait religieusement sa belle fleur sur un des côtés de la cuvette.

— Tu ne peux pas me demander une serviette? — dit Françoise à son fils en haussant les épaules. — Essuyer tes mains à ta blouse!

— Elle est incendiée toute la journée par le feu de la forge... Ça ne lui fait pas de mal d'être rafraîchie le soir. Hein! suis-je désobéissant, ma bonne mère!... Gronde-moi donc... si tu l'oses... Voyons.

Pour toute réponse, Françoise prit entre ses mains la tête de son fils, cette tête si belle de franchise, de résolution et d'intelligence, le regarda un moment avec un orgueil maternel, et le baisa vivement au front à plusieurs reprises.

— Voyons, assieds-toi... tu restes debout toute la journée à ta forge... et il est tard.

— Bien... ton fauteuil... notre querelle de tous les soirs va recommencer; ôte-le de là, je serai aussi bien sur une chaise...

— Pas du tout, c'est bien le moins que tu te délasses après un travail si rude.

— Ah! quelle tyrannie, ma pauvre Mayeux... — dit gaiement Agricol en s'asseyant; — du reste,... je fais le bon apôtre, mais je m'y trouve parfaitement bien, dans ton fauteuil; depuis que je me suis gobergé sur le trône des Tuileries je n'ai jamais été mieux assis de ma vie.

Françoise Baudoin, debout d'un côté de la table, coupait un morceau de pain pour son fils; de l'autre côté, la Mayeux prit la bouteille et lui versa à boire dans le gobelet d'argent : il y avait quelque chose de touchant dans l'empressement attentif de ces deux excellentes créatures pour celui qu'elles aimaient si tendrement.

— Tu ne veux pas souper avec moi? — dit Agricol à la Mayeux.

— Merci, Agricol — dit la couturière en baissant les yeux — j'ai dîné tout à l'heure.

— Oh! ce que je t'en disais, c'était pour la forme, car tu as tes manies, et pour rien au monde tu ne mangerais avec nous... C'est comme ma mère, elle préfère dîner toute seule;... de cette manière-là elle se prive sans que je le sache...

— Mais, mon Dieu, non, mon cher enfant... c'est que cela convient mieux à ma santé... de dîner de très-bonne heure... Eh bien! trouves-tu cela bon?

— Bon?... mais dites donc excellent... c'est de la merluche aux navets... et je suis fou de la merluche ; j'étais né pour être pêcheur à Terre-Neuve.

Le digne garçon trouvait au contraire assez peu restaurant, après une rude journée de travail, ce fade ragoût qui avait même quelque peu brûlé pendant son récit ; mais il savait rendre sa mère si contente *en faisant maigre*, sans trop se plaindre, qu'il eut l'air de savourer ce poisson avec sensualité ; aussi la bonne femme ajouta d'un air satisfait :

— Oh !... on voit bien que tu t'en régales, mon cher enfant : vendredi et samedi prochain je t'en ferai encore.

— Bien, merci, ma mère... seulement, n'en faites pas deux jours de suite, je me blaserais... Ah çà ! maintenant, parlons de ce que nous ferons demain pour notre dimanche. Il faut nous amuser beaucoup ; depuis quelques jours, je te trouve triste, chère mère,... et je n'entends pas cela... Je me figure alors que tu n'es pas contente de moi.

— Oh ! mon cher enfant,... toi... le modèle des...

— Bien! bien! Alors prouve-moi que tu es heureuse en prenant un peu de distraction. Peut-être aussi mademoiselle... nous fera-t-elle l'honneur de nous accompagner comme la dernière fois — dit Agricol en s'inclinant devant la Mayeux.

Celle-ci rougit, baissa les yeux; sa figure prit une expression de douloureuse amertume, et elle ne répondit pas.

— Mon enfant, j'ai mes offices toute la journée;... tu sais bien — dit Françoise à son fils.

— A la bonne heure; eh bien! le soir?... Je ne te proposerai pas d'aller au spectacle; mais on dit qu'il y a un faiseur de tours de gobelets très-amusant.

— Merci, mon enfant : c'est toujours un spectacle...

— Ah! ma bonne mère, ceci est de l'exagération.

— Mon pauvre enfant, est-ce que j'empêche jamais les autres de faire ce qu'il leur plaît?..

— C'est juste... pardon, ma mère; eh bien! s'il fait beau, nous irons tout bonnement nous promener sur les boulevards avec cette pauvre Mayeux ; voilà près de trois mois qu'elle n'est sortie avec nous... car sans nous... elle ne sort pas.

— Non, sors seul, mon enfant... fais ton dimanche, c'est bien le moins.

— Voyons, ma bonne Mayeux, aide-moi donc à décider ma mère.

— Tu sais, Agricol — dit la couturière en rougissant et en baissant les yeux — tu sais que je ne dois plus sortir avec toi... et ta mère...

— Et pourquoi, mademoiselle?.. Pourrait-on sans indiscrétion vous demander la raison de ce refus? — dit gaiement Agricol.

La jeune fille sourit tristement, et lui répondit :

— Parce que je ne veux plus jamais t'exposer à avoir une querelle à cause de moi, Agricol...

— Ah!.. pardon... pardon — dit le forgeron d'un air sincèrement peiné, et il se frappa le front avec impatience.

Voici à quoi la Mayeux faisait allusion :

Quelquefois, bien rarement, car elle y mettait la plus excessive discrétion, la pauvre fille avait été se promener avec Agricol et sa mère, pour la couturière ça avait été des fêtes sans pareilles; elle avait veillé bien des nuits, jeûné bien des jours pour pouvoir s'acheter un bonnet passable et un petit châle, afin de ne pas faire honte à Agricol et à sa mère; ces cinq ou six promenades, faites au bras de celui qu'elle idolâtrait en secret, avaient été les seuls jours de bonheur qu'elle eût jamais connus.

Lors de leur dernière promenade, un homme brutal et grossier l'avait coudoyée si rudement que la pauvre fille n'avait pu retenir un léger cri de douleur... auquel cri cet homme avait répondu... — Tant pis pour toi, mauvaise bossue!

Agricol était, comme son père, doué de cette bonté patiente que la force et le courage donnent aux cœurs généreux; mais il était d'une extrême violence lorsqu'il s'agissait de châtier une lâche insulte. Irrité de la méchanceté, de la grossièreté de cet homme, Agricol avait quitté le bras de sa mère pour appliquer à ce brutal, qui était de son âge, de sa taille et de sa force, les deux meilleurs soufflets que jamais large et robuste main de forgeron ait appliqués sur une face humaine ; le brutal voulut riposter, Agricol redoubla la correction, à la grande satisfaction de la foule ; et l'autre disparut au milieu des huées.

C'est cette aventure que la pauvre Mayeux venait de rappeler en disant qu'elle ne voulait plus sortir avec Agricol, afin de lui épargner toute querelle à son sujet.

On conçoit le regret du forgeron d'avoir involontairement réveillé le souvenir de cette pénible circonstance... hélas! plus pénible encore pour la Mayeux que ne pouvait le supposer Agricol, car elle l'aimait passionnément... et elle avait été cause de cette querelle par une infirmité ridicule.

Agricol, malgré sa force et sa résolution, avait une sensibilité d'enfant ; en songeant à ce que ce souvenir devait avoir de douloureux pour la jeune fille, une grosse larme lui vint aux yeux, et lui tendant fraternellement les bras, il lui dit :

— Pardonne-moi ma sottise, viens m'embrasser...

Et il appuya deux bons baisers sur les joues pâles et amaigries de la Mayeux.

A cette cordiale étreinte, les lèvres de la jeune fille blanchirent et son pauvre cœur battit si violemment qu'elle fut obligée de s'appuyer à l'angle de la table.

— Voyons, tu me pardonnes, n'est-ce pas? — lui dit Agricol.

— Oui, oui — dit-elle en cherchant à vaincre son émotion—pardon, à mon tour, de ma faiblesse... mais le souvenir de cette querelle me fait mal... j'étais si effrayée pour toi... Si la foule avait pris le parti de cet homme...

— Hélas! mon Dieu! — dit Françoise en venant en aide à la Mayeux sans le savoir — de ma vie je n'ai eu si grand'peur!

— Oh! quant à ça... ma chère mère... — reprit Agricol, afin de changer le sujet de cette conversation désagréable pour lui et pour la couturière — toi, la femme d'un soldat... d'un ancien grenadier à cheval de la garde impériale... tu n'es guère crâne... Oh! brave père!.. Non... tiens... vois-tu... je ne veux pas penser qu'il arrive... ça me met trop... sens dessus dessous...

— Il arrive... — dit Françoise en soupirant. — Dieu le veuille!...

— Comment, ma mère, Dieu le veuille?...
il faudra bien, pardieu, qu'il le veuille... tu as
fait dire assez de messes pour ça...

— Agricol... mon enfant — dit Françoise
en interrompant son fils et en secouant la tête
avec tristesse — ne parle pas ainsi... et puis
il s'agit de ton père...

— Allons... bien... j'ai de la chance ce soir.
A ton tour maintenant. Ah çà, je deviens décidément bête ou fou... Pardon, ma mère...
je n'ai que ce mot-là à la bouche ce soir ; pardon... vous savez bien que quand je m'é-
chappe à propos de certaines choses... c'est
malgré moi, car je sais la peine que je vous
cause.

— Ce n'est pas moi... que tu offenses...
mon pauvre cher enfant.

— Ça revient au même, car je ne sais rien
de pis que d'offenser sa mère... Mais quant à
ce que je te disais de la prochaine arrivée de
mon père... il n'y a pas à en douter...

— Mais depuis quatre mois... nous n'avons
pas reçu de lettres...

— Rappelle-toi, ma mère : dans cette lettre
qu'il dictait, parce que, nous disait-il avec sa

franchise de soldat, s'il lisait passablement, il n'en allait pas de même de l'écriture; dans cette lettre il nous disait de ne pas nous inquiéter de lui, qu'il serait à Paris à la fin de janvier, et que trois ou quatre jours avant son arrivée il nous ferait savoir par quelle barrière il arriverait afin que j'aille l'y chercher.

— C'est vrai, mon enfant... et pourtant nous voici au mois de février, et rien encore...

— Raison de plus pour que nous ne l'attendions pas long-temps; je vais même plus loin, je ne serais pas étonné que ce bon Gabriel arrivât à peu près à cette époque-ci... Sa dernière lettre d'Amérique me le faisait espérer. Quel bonheur... ma mère, si toute la famille était réunie !

— Que Dieu t'entende, mon enfant !... ce serait un beau jour pour moi...

— Et ce jour arrivera bientôt, croyez-moi. Avec mon père... pas de nouvelles... bonnes nouvelles...

— Te rappelles-tu bien ton père, Agricol ? — dit la Mayeux.

— Ma foi, pour être juste, ce que je me

rappelle surtout c'est son grand bonnet à poil et ses moustaches qui me faisaient une peur du diable. Il n'y avait que le ruban rouge de sa croix sur les revers blancs de son uniforme et la brillante poignée de son sabre qui me raccommodassent un peu avec lui, n'est-ce pas, ma mère?... Mais qu'as-tu donc?... tu pleures.

— Hélas ! pauvre Baudoin... il a dû tant souffrir... depuis qu'il est séparé de nous ! A son âge, soixante ans passés... Ah ! mon cher enfant... mon cœur se fend quand je pense qu'il va ne faire peut-être que changer de misère.

— Que dites-vous?...

— Hélas ! je ne gagne plus rien...

— Eh bien ! et moi, donc? Est-ce que ne voilà pas une chambre pour lui et pour toi, une table pour lui et pour toi?... Seulement, ma bonne mère, puisque nous parlons ménage — ajouta le forgeron en donnant à sa voix une nouvelle expression de tendresse afin de ne pas choquer sa mère... — laisse-moi te dire une chose : lorsque mon père sera revenu ainsi que Gabriel, tu n'auras pas besoin de faire dire des messes ni de faire brûler des cierges pour eux, n'est-ce pas? Eh bien ! grâce à cette économie-là... le brave père pourra avoir sa bouteille de vin tous les jours et du tabac pour fumer sa pipe... Puis les dimanches nous lui ferons faire un bon petit dîner chez le traiteur.

Quelques coups frappés à la porte interrompirent Agricol.

— Entrez ! dit-il.

Mais au lieu d'entrer, la personne qui venait de frapper ne fit qu'entrebâiller la porte, et l'on vit un bras et une main d'un vert splendide faire des signes d'intelligence au forgeron.

— Tiens, c'est le père Loriot... le modèle des teinturiers — dit Agricol; — entrez donc, ne faites pas de façons, père Loriot.

— Impossible, mon garçon, je ruisselle la teinture de la tête aux pieds... je mettrais au vert tout le carreau de madame Françoise.

— Tant mieux, ça aura l'air d'un pré, moi qui adore la campagne !

— Sans plaisanterie, Agricol, il faut que je vous parle tout de suite.

— Est-ce à propos de l'homme qui espionne ?

rassurez-vous donc, qu'est-ce que ça nous fait?

— Non, il me semble qu'il est parti, ou plutôt le brouillard est si épais que je ne vois plus;... mais ce n'est pas ça... venez donc vite... c'est... c'est pour une affaire importante — ajouta le teinturier d'un air mystérieux — une affaire qui ne regarde que vous seul.

— Que moi seul ? — dit Agricol en se levant assez surpris — qu'est-ce que ça peut être?

— Va donc voir, mon enfant — dit Françoise.

— Oui, ma mère, mais que le diable m'emporte si j'y comprends quelque chose.

Et le forgeron sortit, laissant sa mère seule avec la Mayeux.

CHAPITRE XIV.

LE RETOUR.

Cinq minutes après être sorti, Agricol rentra ; ses traits étaient pâles, bouleversés, ses yeux remplis de larmes, ses mains tremblantes ; mais sa figure exprimait un bonheur, un attendrissement extraordinaires. Il resta un moment devant la porte, comme si l'émotion l'eût empêché de s'approcher de sa mère...

La vue de Françoise était si affaiblie, qu'elle ne s'aperçut pas d'abord du changement de physionomie de son fils.

— Eh bien ! mon enfant, qu'est-ce que c'est ? — lui demanda-t-elle.

Avant que le forgeron eût répondu, la Mayeux, plus clairvoyante, s'écria :

— Mon Dieu!... Agricol... qu'y a-t-il? comme tu es pâle!...

— Ma mère! — dit alors l'artisan d'une voix altérée, en allant précipitamment auprès de Françoise, sans répondre à la Mayeux — ma mère, il faut vous attendre à quelque chose qui va bien vous étonner... promettez-moi d'être raisonnable.

— Que veux-tu dire?.. Comme tu trembles!.. regarde-moi donc! Mais la Mayeux a raison... tu es bien pâle!..

— Ma bonne mère... — et Agricol, se mettant à genoux devant Françoise, prit ses deux mains dans les siennes — il faut... vous ne savez pas... mais...

Le forgeron ne put achever; des pleurs de joie entrecoupaient sa voix.

— Tu pleures... mon cher enfant... Mais, mon Dieu! qu'y a-t-il donc? Tu me fais peur...

— Peur... oh! non... au contraire! — dit Agricol en essuyant ses yeux; — vous allez être bien heureuse... Mais, encore une fois, il faut être raisonnable... parce que la trop grande joie fait autant de mal que le trop grand chagrin...

— Comment?

— Je vous le disais bien... moi, qu'il arriverait...

— Ton père!!! — s'écria Françoise.

Elle se leva de son fauteuil.

Mais sa surprise, son émotion furent si vives, qu'elle mit une main sur son cœur pour en comprimer les battements... puis elle se sentit faiblir.

Son fils la soutint et l'aida à se rasseoir.

La Mayeux s'était jusqu'alors discrètement tenue à l'écart pendant cette scène, qui absorbait complétement Agricol et sa mère; mais elle s'approcha timidement, pensant qu'elle pouvait être utile, car les traits de Françoise s'altéraient de plus en plus.

— Voyons, du courage, ma mère — reprit le forgeron; — maintenant le coup est porté... il ne vous reste plus qu'à jouir du bonheur de revoir mon père.

— Mon pauvre Baudoin... après dix-huit ans d'absence... je ne peux pas y croire — dit

Françoise en fondant en larmes. — Est-ce bien vrai, mon Dieu, est-ce bien vrai?...

— Cela est si vrai, que si vous me promettiez de ne pas trop vous émouvoir... je vous dirais quand vous le verrez.

— Oh! bientôt... n'est-ce pas?

— Oui... bientôt.

— Mais quand arrive-t-il?

— Il peut arriver d'un moment à l'autre... demain... aujourd'hui peut-être...

— Aujourd'hui?

— Eh bien! oui, ma mère... il faut enfin vous le dire... il arrive... il est arrivé...

— Il est... il est...

Et Françoise, balbutiant, ne put achever.

— Tout à l'heure il était en bas; avant de monter, il a prié le teinturier de venir m'avertir, afin que je te prépare à le voir... car ce brave père craignait qu'une surprise trop brusque ne te fît mal...

— Oh! mon Dieu...

— Et maintenant — s'écria le forgeron avec une explosion de bonheur indicible — il est là... il attend... Ah! ma mère... je n'y tiens plus, depuis dix minutes le cœur me bat à me briser la poitrine.

Et s'élançant vers la porte, il ouvrit.

Dagobert, tenant Rose et Blanche par la main, parut sur le seuil...

Au lieu de se jeter dans les bras de son mari... Françoise tomba à genoux... et pria.

Elevant son âme à Dieu, elle le remerciait avec une profonde gratitude d'avoir exaucé ses vœux, ses prières, et ainsi récompensé ses offrandes.

Pendant une seconde, les acteurs de cette scène restèrent silencieux, immobiles.

Agricol, par un sentiment de respect et de délicatesse, qui luttait à grand'peine contre l'impétueux élan de sa tendresse, n'osait pas se jeter au cou de Dagobert : il attendait avec une impatience à peine contenue que sa mère eût terminé sa prière.

Le soldat éprouvait le même sentiment que le forgeron; tous deux se comprirent: le premier regard que le père et le fils échangèrent exprima leur tendresse, leur vénération pour cette excellente femme, qui, dans la préoccupation de sa religieuse ferveur, oubliait un peu trop la créature pour le créateur.

Rose et Blanche, interdites, émues, regardaient avec intérêt cette femme agenouillée, tandis que la Mayeux, versant silencieusement des larmes de joie à la pensée du bonheur d'Agricol, se retirait dans le coin le plus obscur de la chambre, se sentant étrangère et nécessairement oubliée au milieu de cette réunion de famille.

Françoise se releva et fit un pas vers son mari qui la reçut dans ses bras.

Il y eut un moment de silence solennel.

Dagobert et Françoise ne se dirent pas un mot; on entendit quelques soupirs entrecoupés de sanglots, d'aspirations de joie... Et lorsque les deux vieillards redressèrent la tête, leur physionomie était calme, radieuse, sereine... car la satisfaction complète des sentiments simples et purs ne laisse jamais après soi une agitation fébrile et violente.

— Mes enfants — dit le soldat d'une voix émue, en montrant aux orphelines Françoise, qui, sa première émotion passée, les regardait avec étonnement — c'est ma bonne et digne femme... elle sera pour les filles du général Simon ce que j'ai été moi-même...

— Alors, madame, vous nous traiterez comme vos enfants — dit Rose en s'approchant de Françoise avec sa sœur.

— Les filles du général Simon!.. — s'écria la femme de Dagobert de plus en plus surprise.

— Oui, ma bonne Françoise, ce sont elles... et je les amène de loin... non sans peine... Je te conterai tout cela plus tard.

— Pauvres petites... on dirait deux anges tout pareils — dit Françoise en contemplant les orphelines avec autant d'intérêt que d'admiration.

— Maintenant... à nous deux... — dit Dagobert en se retournant vers son fils.

— Enfin ! — s'écria celui-ci.

Il faut renoncer à peindre la folle joie de Dagobert et de son fils, la tendre fureur de leurs embrassements que le soldat interrompait pour regarder Agricol bien en face, en appuyant ses mains sur les larges épaules du jeune forgeron pour mieux admirer son mâle et franc visage, sa taille svelte et robuste ; après quoi il l'étreignit de nouveau contre sa poitrine en disant : — Est-il beau garçon... est-il bien bâti ! a-t-il l'air bon !..

La Mayeux, toujours retirée dans un coin de la chambre, jouissait du bonheur d'Agricol ; mais elle craignait que sa présence, jusqu'alors inaperçue, ne fût indiscrète. Elle eut bien désiré s'en aller sans être remarquée ; mais elle ne le pouvait pas. Dagobert et son fils cachaient presque entièrement la porte ; elle resta donc, ne pouvant détacher ses yeux des deux charmants visages de Rose et de Blanche. Elle n'avait jamais rien vu de plus joli au monde, et la ressemblance extraordinaire des jeunes filles entre elles augmentait encore sa surprise ; puis enfin leurs modestes vêtements de deuil semblaient annoncer qu'elles étaient pauvres, et involontairement la Mayeux se sentait encore plus de sympathie pour elles.

— Chères enfants ! elles ont froid, leurs petites mains sont toutes glacées, et malheureusement le poêle est éteint... — dit Françoise.

Et elle cherchait à réchauffer dans les siennes les mains des orphelines, pendant que Dagobert et son fils se livraient à un épanchement de tendresse si long-temps contenu...

Aussitôt que Françoise eut dit que le poêle était éteint, la Mayeux, empressée de se rendre utile pour faire excuser sa présence, peut-être inopportune, courut au petit cabinet où étaient renfermés le charbon et le bois, en prit quelques menus morceaux, revint s'agenouiller près du poêle de fonte, et à l'aide de quelque peu de braise cachée sous la cendre, parvint à rallumer le feu, qui bientôt *tira* et *gronda*, pour se servir des expressions consacrées ; puis, remplissant une cafetière d'eau, elle la plaça dans la cavité du poêle, pensant à la nécessité de quelque breuvage chaud pour les jeunes filles.

La Mayeux s'occupa de ces soins avec si peu de bruit, avec tant de célérité ; on pensait naturellement si peu à elle au milieu des vives émotions de cette soirée, que Françoise, tout occupée de Rose et de Blanche, ne s'aperçut du flamboiement du poêle qu'à la douce chaleur qu'il rendit, et bientôt après au frémissement de l'eau bouillante dans la cafetière.

Ce phénomène d'un feu qui se rallumait de lui-même n'étonna pas en ce moment la femme de Dagobert, complétement absorbée par la pensée de savoir comment elle logerait les deux jeunes filles, car, on le sait, le soldat n'avait pas cru devoir la prévenir de leur arrivée.

Tout à coup, trois ou quatre aboiements sonores retentirent derrière la porte.

— Tiens... c'est mon vieux Rabat-Joie — dit Dagobert en allant ouvrir à son chien ; — il demande à entrer pour connaître aussi la famille.

Rabat-Joie entra en bondissant ; au bout d'une seconde, il fut, ainsi qu'on le dit vulgairement, *comme chez lui*. Après avoir frotté son long museau sur la main de Dagobert, il alla tour à tour faire fête à Rose et à Blanche, à Françoise, à Agricol ; puis, voyant qu'on faisait peu d'attention à lui, il avisa la Mayeux, qui se tenait timidement dans un coin obscur de la chambre ; mettant alors en action cet autre dicton populaire : *les amis de nos amis sont nos amis*, Rabat-Joie vint lécher les mains de la jeune ouvrière oubliée de tous en ce moment.

Par un ressentiment singulier, cette caresse émut la Mayeux jusqu'aux larmes... elle passa plusieurs fois sa main longue, maigre et blanche sur la tête intelligente du chien ; puis, ne se voyant plus bonne à rien, car elle avait rendu tous les petits services qu'elle croyait pouvoir rendre, elle prit la belle fleur qu'Agricol lui avait donnée, ouvrit doucement la porte, et sortit si discrètement, que personne ne s'aperçut de son départ.

Après ces épanchements d'une affection mutuelle, Dagobert, sa femme et son fils vinrent à penser aux réalités de la vie.

— Pauvre Françoise — dit le soldat, en montrant Rose et Blanche d'un regard — tu ne t'attendais pas à une si jolie surprise?

— Je suis seulement fâchée, mon ami — répondit Françoise — que les demoiselles du général Simon n'aient pas un meilleur logis que cette pauvre chambre... car avec la mansarde d'Agricol...

— Ça compose notre hôtel, et il y en a de

plus beaux ; mais rassure-toi, les pauvres enfants sont habituées à ne pas être difficiles ;... demain matin je partirai avec mon garçon, bras dessus bras dessous, et je te réponds qu'il ne sera pas celui qui marchera le plus droit et le plus fier de nous deux. Nous irons trouver le père du général Simon à la fabrique de M. Hardy pour causer affaires...

— Demain, mon père — dit Agricol à Dagobert — vous ne trouverez à la fabrique ni M. Hardy, ni le père de M. le maréchal Simon...

— Qu'est-ce que tu dis là?... mon garçon — dit vivement Dagobert — le maréchal?

— Sans doute, depuis 1830, des amis du général Simon ont fait reconnaître le titre et le grade que l'Empereur lui avait conférés après la bataille de Ligny.

— Vraiment? — s'écria Dagobert avec émotion — ça ne devrait pas m'étonner... parce que après tout c'est justice... et quand l'Empereur a dit une chose c'est bien le moins qu'on dise comme lui ;... mais c'est égal... ça me va là... droit au cœur, ça me remue. — Puis s'adressant aux jeunes filles : — Entendez-vous, mes enfants... vous arrivez à Paris filles d'un duc et d'un maréchal... Il est vrai qu'on ne le dirait guère à vous voir dans cette modeste chambre, mes pauvres petites duchesses... mais, patience, tout s'arrangera. Le père Simon a dû être bien joyeux d'apprendre que son fils était rentré dans son grade... hein, mon garçon ?

— Il nous a dit qu'il donnerait tous les grades et tous les titres possibles pour revoir son fils... car c'est pendant l'absence du général que ses amis ont sollicité et obtenu pour lui cette justice ;.. du reste, on attend incessamment le maréchal, car ses dernières lettres de l'Inde annonçaient son arrivée.

A ces mots, Rose et Blanche se regardèrent; leurs yeux s'étaient remplis de douces larmes.

— Dieu merci! moi et ces enfants nous comptons sur ce retour; mais pourquoi ne trouverons-nous demain, à la fabrique, ni M. Hardy, ni le père Simon ?

— Ils sont partis depuis dix jours pour aller examiner et étudier une usine anglaise établie dans le Midi ; mais ils seront de retour d'un jour à l'autre.

— Diable... cela me contrarie assez... Je comptais sur le père du général pour causer d'affaires importantes. Du reste, on doit savoir où lui écrire. Tu lui feras donc, dès demain, savoir, mon garçon, que ses petites-filles sont arrivées ici. En attendant, mes enfants — ajouta le soldat en se retournant vers Rose et Blanche — la bonne femme vous donnera son lit, et, à la guerre comme à la guerre, pauvres petites, vous ne serez pas du moins plus mal ici qu'en route.

— Tu sais que nous nous trouverons toujours bien auprès de toi et de madame — dit Rose.

— Et puis, nous ne pensons qu'au bonheur d'être enfin à Paris... puisque c'est ici que nous retrouverons bientôt notre père... — ajouta Blanche.

— Et avec cet espoir-là, on patiente, je le sais bien — dit Dagobert ; — mais c'est égal, d'après ce que vous attendiez de Paris... vous devez être fièrement étonnées... mes enfants.

Dame! jusqu'à présent, vous ne trouvez pas tout à fait la ville d'or que vous aviez rêvée, tant s'en faut; mais patience... patience... vous verrez que ce Paris n'est pas si vilain qu'il en a l'air...

— Et puis — dit gaiement Agricol, — je suis sûr que, pour ces demoiselles, ce sera l'arrivée du maréchal Simon qui changera Paris en une véritable ville d'or.

— Vous avez raison, monsieur Agricol — dit Rose en souriant; — vous nous avez devinées.

— Comment! mademoiselle... vous savez mon nom?

— Certainement, monsieur Agricol, nous parlions souvent de vous avec Dagobert, et dernièrement encore avec Gabriel — ajouta Blanche.

— Gabriel!...

S'écrièrent en même temps Agricol et sa mère avec surprise.

— Eh! mon Dieu! oui — reprit Dagobert en faisant un signe d'intelligence aux orphelines — nous en aurons à vous raconter pour quinze jours; et entre autres, comment nous avons rencontré Gabriel... Tout ce que je peux vous dire... c'est que, dans son genre... il vaut mon garçon... (je ne peux pas me lasser de dire : mon garçon) et qu'ils sont bien dignes de s'aimer comme des frères... Brave... brave femme... — ajouta Dagobert avec émotion — c'est beau, va... ce que tu as fait là; toi, déjà si pauvre, recueillir ce malheureux enfant, l'élever avec le tien...

— Mon ami, ne parlons donc pas ainsi, c'est si simple.

— Tu as raison, mais je te revaudrai ça plus tard : c'est sur ton compte... En attendant, tu le verras certainement demain dans la matinée...

— Bon frère... aussi arrivé... — s'écria le forgeron. — Et que l'on dise après cela qu'il n'y a pas de jours marqués pour le bonheur !... Et comment l'avez-vous rencontré, mon père?

— Comment, vous?... toujours vous?... Ah çà... dis donc, mon garçon, est-ce que parce que tu fais des chansons tu te crois trop gros seigneur pour me tutoyer?

— Mon père...

— C'est qu'il va falloir que tu m'en dises

fièrement, des *tu* et des *toi*, pour que je rattrape tous ceux que tu m'aurais dit pendant dix-huit ans... Quant à Gabriel, je te conterai tout à l'heure où et comment nous l'avons rencontré, car si tu crois dormir, tu te trompes ; tu me donneras la moitié de ta chambre... et nous causerons... Rabat-Joie restera en dehors de la porte de celle-ci ; c'est une vieille habitude à lui d'être près de ces enfants.

— Mon Dieu, mon ami, je ne pense à rien ; mais dans un tel moment... Enfin, si ces demoiselles et toi vous voulez souper... Agricol irait chercher quelque chose tout de suite chez le traiteur.

— Le cœur vous en dit-il, mes enfants?

— Non, merci, Dagobert, nous n'avons pas faim, nous sommes trop contentes...

— Vous prendrez bien toujours de l'eau sucrée bien chaude avec un peu de vin, pour vous réchauffer, mes chères demoiselles — dit Françoise ; — malheureusement, je n'ai pas autre chose.

— C'est ça, tu as raison, Françoise, ces chères enfants sont fatiguées ; tu vas les coucher... Pendant ce temps-là je monterai chez mon garçon avec lui, et demain matin, avant que Rose et Blanche soient réveillées, je descendrai causer avec toi pour laisser un peu de répit à Agricol.

A ce moment on frappa assez fort à la porte.

— C'est la bonne Mayeux qui vient demander si l'on a besoin d'elle, dit Agricol.

— Mais il me semble qu'elle était ici quand mon mari est entré — répondit Françoise.

— Tu as raison, ma mère; pauvre fille! elle s'en sera allée sans qu'on la voie de crainte de gêner; elle est si discrète... Mais ce n'est pas elle qui frappe si fort.

— Vois donc ce que c'est alors, Agricol — dit Françoise.

Avant que le forgeron eût eu le temps d'arriver auprès de la porte elle s'ouvrit, et un homme convenablement vêtu, d'une figure respectable, avança quelques pas dans la chambre en y jetant un coup d'œil rapide qui s'arrêta un instant sur Rose et sur Blanche.

— Permettez-moi de vous faire observer,

monsieur — lui dit Agricol en allant à sa rencontre — qu'après avoir frappé... vous eussiez pu attendre qu'on vous dît d'entrer... Enfin... que désirez-vous?

— Je vous demande pardon, monsieur — dit fort poliment cet homme, qui parlait très lentement peut-être pour se ménager le droit de rester plus long-temps dans la chambre — je vous fais un million d'excuses... je suis désolé de mon indiscrétion... je suis confus de...

— Soit, monsieur — dit Agricol impatienté; — que voulez-vous?

— Monsieur... n'est-ce pas ici que demeure mademoiselle Soliveau, une ouvrière bossue?

— Non, monsieur, c'est au-dessus — dit Agricol.

— Oh! mon Dieu, monsieur! — s'écria l'homme poli et recommençant ses profondes salutations — je suis confus de ma maladresse... je croyais entrer chez cette jeune ouvrière à qui je venais proposer de l'ouvrage de la part d'une personne très-respectable...

— Il est bien tard, monsieur — dit Agricol surpris; — au reste, cette jeune ouvrière est connue de notre famille ; revenez demain, vous ne pouvez la voir ce soir, elle est couchée.

— Alors, monsieur, je vous réitère mes excuses...

— Très-bien, monsieur — dit Agricol en faisant un pas vers la porte.

— Je prie madame et ces demoiselles ainsi que monsieur... d'être persuadés...

— Si vous continuez ainsi long-temps, monsieur — dit Agricol — il faudra que vous excusiez aussi la longueur de vos excuses... et il n'y aura pas de raison pour que cela finisse.

A ces mots d'Agricol qui firent sourire Rose et Blanche, Dagobert frotta sa moustache avec orgueil : — Mon garçon a-t-il de l'esprit ! — dit-il tout bas à sa femme : — ça ne t'étonne pas, toi, tu es faite à ça.

Pendant ce temps-là l'homme cérémonieux sortit après avoir jeté un long et dernier regard sur les deux sœurs, sur Agricol et sur Dagobert.

Quelques instants après, pendant que Françoise, après avoir mis pour elle un matelas par terre et garni son lit de draps bien blancs pour les orphelines, présidait à leur coucher avec une sollicitude maternelle, Dagobert et Agricol montaient dans leur mansarde.

Au moment où le forgeron, qui, une lumière à la main, précédait son père, passa devant la porte de la petite chambre de la Mayeux, celle-ci, à demi cachée dans l'ombre, lui dit rapidement et à voix basse :

— Agricol, un grand danger te menace... il faut que je te parle...

Ces mots avaient été prononcés si vite, si bas, que Dagobert ne les entendit pas; mais comme Agricol s'était brusquement arrêté en tressaillant, le soldat lui dit :

— Eh bien! mon garçon... qu'est-ce qu'il y a?

— Rien, mon père... — dit le forgeron en se retournant. — Je craignais de ne pas t'éclairer assez.

— Sois tranquille... j'ai ce soir des yeux et des jambes de quinze ans.

Et le soldat ne s'apercevant pas de l'étonnement de son fils, entra avec lui dans la petite mansarde où tous deux devaient passer la nuit.

. . . .

Quelques minutes après avoir quitté la maison, l'homme aux formes si polies qui était venu demander la Mayeux chez la femme de Dagobert se rendit à l'extrémité de la rue Brise-Miche.

Il s'approcha d'un fiacre qui stationnait sur la petite place du cloître Saint-Merri.

Au fond de ce fiacre était M. Rodin enveloppé d'un manteau.

— Eh bien? — dit-il d'un ton interrogatif.

— Les deux jeunes filles et l'homme à moustaches grises sont entrés chez Françoise Baudoin — répondit l'autre; — avant de frapper à la porte, j'ai pu écouter et entendre pendant quelques minutes... les jeunes filles partageront cette nuit la chambre de Françoise Baudoin... Le vieillard à moustaches grises partagera la chambre de l'ouvrier forgeron.

— Très-bien! — dit Rodin.

— Je n'ai pas osé insister — reprit l'homme poli — pour voir ce soir la couturière bossue au sujet de la reine Bacchanal; je reviendrai demain pour savoir l'effet de la lettre qu'elle a dû recevoir dans la soirée par la poste, au sujet du jeune forgeron...

— N'y manquez pas ; maintenant vous allez vous rendre, de ma part, chez le confesseur de Françoise Baudoin, quoiqu'il soit fort tard ; vous lui direz que je l'attends rue du *Milieu-des-Ursins* ; qu'il s'y rende à l'instant même... sans perdre une minute... vous l'accompagnerez ; si je n'étais pas rentré, il m'attendrait... car il s'agit, lui direz-vous, de choses de la dernière importance...

— Tout ceci sera fidèlement exécuté — répondit l'homme poli en saluant profondément Rodin, dont le fiacre s'éloigna rapidement.

CHAPITRE XV.

AGRICOL ET LA MAYEUX.

Une heure après ces différentes scènes, le plus profond silence régnait dans la maison de la rue Brise-Miche.

Une lueur vacillante, passant à travers les deux carreaux d'une porte vitrée, annonçait que la Mayeux veillait encore, car ce sombre réduit, sans air, sans lumière, ne recevait de jour que par cette porte ouvrant sur un passage étroit et obscur pratiqué dans les combles.

Un méchant lit, une table, une vieille malle et une chaise remplissaient tellement cette demeure glacée, que deux personnes ne pouvaient s'y asseoir, à moins que l'une ne prît place sur le lit.

La magnifique fleur qu'Agricol avait donnée à la Mayeux, précieusement déposée dans un verre d'eau placé sur la table chargée de linge, répandait son suave parfum, épanouissant son calice de pourpre au milieu de ce misérable cabinet aux murailles de plâtre gris et humide qu'une maigre chandelle éclairait faiblement.

La Mayeux, assise tout habillée sur son lit, la figure bouleversée, les yeux remplis de larmes, s'appuyant d'une main au chevet de sa couche, penchait sa tête du côté de la porte, prêtant l'oreille avec angoisse, espérant à chaque minute entendre les pas d'Agricol.

Le cœur de la jeune fille battait violemment; sa figure, toujours si pâle, était légèrement colorée, tant son émotion était profonde.... Quelquefois elle jetait les yeux avec une sorte de frayeur sur une lettre qu'elle tenait à la main : cette lettre, arrivée dans la soirée par la poste, avait été déposée par le portier-teinturier sur la table de la Mayeux, pendant que celle-ci assistait à l'entrevue de Dagobert et de sa famille.

Au bout de quelques instants la jeune fille

entendit ouvrir doucement une porte, très-voisine de la sienne.

— Enfin... le voilà ! — s'écria-t-elle.

En effet, Agricol entra.

— J'attendais que mon père fût endormi — dit à voix basse le forgeron, dont la physionomie révélait plus de curiosité que d'inquiétude ; — qu'est-ce qu'il y a donc, ma bonne Mayeux ? comme ta figure est altérée !... tu pleures, que se passe-t-il ? de quel danger veux-tu me parler ?

— Tiens... lis... — lui dit la Mayeux d'une voix tremblante en lui présentant précipitamment une lettre ouverte.

Agricol s'approcha de la lumière et lut ce qui suit :

Une personne qui ne peut se faire connaître, mais qui sait l'intérêt fraternel que vous portez à Agricol Baudoin, vous prévient que ce jeune et honnête ouvrier sera probablement arrêté dans la journée de demain...

— Moi !... — s'écria Agricol en regardant la jeune fille d'un air stupéfait... — Qu'est-ce que cela veut dire ?

—Continue...—dit vivement la couturière en joignant les mains.

Agricol reprit n'en pouvant croire ses yeux...

Son chant des TRAVAILLEURS AFFRANCHIS *a été incriminé; on en a trouvé plusieurs exemplaires parmi les papiers d'une société secrète dont les chefs viennent d'être emprisonnés à la suite du complot de la rue des Prouvaires...*

— Hélas — dit l'ouvrière en fondant en larmes — maintenant je comprends tout. Cet homme qui ce soir espionnait en bas, à ce que disait le teinturier... était sans doute un espion qui guettait ton arrivée.

— Allons donc ! cette accusation est absurde — s'écria Agricol — ne te tourmente pas, ma bonne Mayeux. Je ne m'occupe pas de politique... Mes vers ne respirent que l'amour de l'humanité. Est-ce ma faute s'ils ont été trouvés dans les papiers d'une société secrète?..

Et il jetta la lettre sur la table avec dédain.

—Continue...de grâce— lui dit la Mayeux — continue.

—Si tu le veux... à la bonne heure.

Et Agricol continua :

Un mandat d'arrêt vient d'être lancé contre Agricol Baudoin; sans doute son innocence sera reconnue tôt ou tard... mais il fera bien de se mettre d'abord le plus tôt possible à l'abri des poursuites... pour échapper à une détention préventive de deux ou trois mois qui serait un coup terrible pour sa mère, dont il est le seul soutien.

Un ami sincère qui est forcé de rester inconnu.

Après un moment de silence le forgeron haussa les épaules; sa figure se rasséréna, et il dit en riant à la couturière :

— Rassure-toi, ma bonne Mayeux, ces mauvais plaisants se sont trompés de mois... c'est tout bonnement un poisson d'avril anticipé...

— Agricol... pour l'amour du ciel... — dit la couturière d'une voix suppliante — ne traite pas ceci légèrement... Crois mes pressentiments... Écoute cet avis...

— Encore une fois... ma pauvre enfant, voilà plus de deux mois que mon chant des *Travailleurs* a été imprimé; il n'est nullement politique, et d'ailleurs on n'aurait pas attendu jusqu'ici... pour le poursuivre...

— Mais songe donc que les circonstances ne sont plus les mêmes;... il y a à peine deux jours que ce complot a été découvert ici près, rue des *Prouvaires*... Et si tes vers, peut-être inconnus jusqu'ici, ont été saisis chez des personnes arrêtées... pour cette conspiration... il n'en faut pas davantage pour te compromettre...

—Me compromettre... des vers... où je vante l'amour du travail et la charité... c'est pour le coup... que la justice serait une fière aveugle; il faudrait alors lui donner un chien et un bâton pour se conduire.

— Agricol — dit la jeune fille désolée de voir le forgeron plaisanter dans un pareil moment — je t'en conjure... écoute-moi. Sans doute tu prêches dans tes vers le saint amour du travail; mais tu déplores douloureusement le sort injuste des pauvres travailleurs voués sans espérance à toutes les misères de la vie... Tu prêches l'évangélique fraternité... mais ton bon et noble cœur s'indigne contre les égoïstes et les méchants... Enfin tu hâtes de toute l'ardeur de tes vœux l'affranchissement des artisans qui, moins heureux que toi, n'ont pas pour patron le généreux M. Hardy. Eh bien! dis, Agricol, dans ces temps de troubles en faut-il davantage pour te compromettre; si plusieurs exemplaires de tes chants ont été saisis chez des personnes arrêtées...

A ces paroles sensées, chaleureuses de cette excellente créature qui puisait sa raison dans son cœur, Agricol fit un mouvement, il commençait à envisager plus sérieusement l'avis qu'on lui donnait.

Le voyant ébranlé, la Mayeux continua :

— Et puis enfin, souviens-toi de Remi... ton camarade d'atelier ?

— Remi ?

— Oui, une lettre de lui... lettre pourtant bien insignifiante, a été trouvée chez une personne arrêtée, l'an passé, pour conspiration ;... il est resté un mois en prison.

— C'est vrai, ma bonne Mayeux, mais on a bientôt reconnu l'injustice de cette accusation et il a été remis en liberté.

— Après avoir passé un mois en prison... et c'est ce qu'on te conseille avec raison d'éviter... Agricol, songes-y, mon Dieu !... un mois en prison... et ta mère.....

Ces paroles de la Mayeux firent une profonde impression sur Agricol; il prit la lettre et la relut attentivement.

— Et cet homme qui a rôdé toute la soirée autour de la maison? — reprit la jeune fille. — J'en reviens toujours là... Ceci n'est pas naturel... Hélas! mon Dieu! quel coup pour ton père, pour ta pauvre mère qui ne gagne plus rien !... N'es-tu pas maintenant leur seule ressource?... Songes-y donc; sans toi, sans ton travail que deviendraient-ils?

— En effet... ce serait terrible — dit Agricol en jetant la lettre sur la table ; — ce que tu me dis de Remi est juste... Il était aussi innocent que moi; une erreur de justice... erreur involontaire, sans doute, n'en est pas moins cruelle... Mais encore une fois... on n'arrête pas un homme sans l'entendre.

— On l'arrête d'abord... ensuite on l'entend — dit la Mayeux avec amertume; — puis au bout d'un mois ou deux on lui rend sa liberté... et... s'il a une femme, des enfants qui n'ont pour vivre que son travail quotidien... que font-ils pendant que leur soutien est en prison?... ils ont faim, ils ont froid... et ils pleurent.....

A ces simples et touchantes paroles de la Mayeux, Agricol tressaillit.

— Un mois sans travail... — reprit-il d'un air triste et pensif. — Et ma mère... et mon père... et ces deux jeunes filles qui font partie de notre famille jusqu'à ce que le maréchal Simon ou son père soient arrivés à Paris... Ah! tu as raison : malgré moi, cette pensée m'effraie...

— Agricol — s'écria tout à coup la Mayeux — si tu t'adressais à M. Hardy, il est si bon, son caractère est si estimé... si honoré, qu'en offrant sa caution pour toi on cesserait peut-être les poursuites?

— Malheureusement M. Hardy n'est pas ici, il est en voyage avec le père du maréchal Simon.

Puis, après un nouveau silence, Agricol ajouta, cherchant à surmonter ses craintes :

— Mais non, je ne puis croire à cette lettre :... après tout, j'aime mieux attendre les événements... J'aurai du moins la chance de prouver mon innocence dans un premier interrogatoire... car enfin, ma bonne Mayeux, que je sois en prison ou que je sois obligé de me cacher... mon travail manquera toujours à ma famille...

— Hélas!.. c'est vrai... — dit la pauvre fille — que faire?... mon Dieu!... que faire?...

— Ah! mon brave père... — se dit Agricol — si ce malheur arrivait demain... quel réveil pour lui... qui vient de s'endormir si joyeux!

Et le forgeron cacha son front dans ses mains.

Malheureusement les frayeurs de la Mayeux n'étaient pas exagérées, car on se rappelle qu'à cette époque de l'année 1832, avant et après le complot de la rue des Prouvaires, un très-grand nombre d'arrestations préventives eurent lieu dans la classe ouvrière par suite d'une violente réaction contre les idées démocratiques.

Tout à coup, la Mayeux rompit le silence qui durait depuis quelques secondes; une vive rougeur colorait ses traits empreints d'une indéfinissable expression de contrainte, de douleur et d'espoir.

— Agricol, tu es sauvé!.. — s'écria-t-elle.
— Que dis-tu?
— Cette demoiselle si belle, si bonne, qui, en te donnant cette fleur (et la Mayeux la montra au forgeron), a su réparer avec tant de délicatesse une offre blessante... cette demoiselle doit avoir un cœur généreux... il faut t'adresser... à elle...

A ces mots, qu'elle semblait prononcer en faisant un violent effort sur elle-même, deux grosses larmes coulèrent sur les joues de la Mayeux.

Pour la première fois de sa vie, elle éprouvait un ressentiment de douloureuse jalousie... une autre femme était assez heureuse pour pouvoir venir en aide à celui qu'elle idolâtrait, elle, pauvre créature, impuissante et misérable.

— Y penses-tu! — dit Agricol avec surprise — que pourrait faire à cela cette demoiselle?

— Ne t'a-t-elle pas dit : Rappelez-vous mon nom, et, en toute circonstance, adressez-vous à moi?

— Sans doute...

— Cette demoiselle, dans sa haute position, doit avoir de brillantes connaissances qui pourraient te protéger, te défendre;... dès demain matin va la trouver? avoue-lui franchement ce qui t'arrive... demande-lui son appui.

— Mais encore une fois, ma bonne Mayeux, que veux-tu qu'elle fasse?..

— Écoute... je me souviens que, dans le temps, mon père nous disait qu'il avait empêché un de ses amis d'aller en prison en déposant une caution pour lui... Il te sera facile de convaincre cette demoiselle de ton innocence,... qu'elle te rende le service de te cautionner; alors, il me semble que tu n'auras plus rien à craindre...

— Ah!.. ma pauvre enfant... demander un tel service à quelqu'un... qu'on ne connaît pas... c'est dur...

— Crois-moi, Agricol — dit tristement la Mayeux; — je ne te conseillerai jamais rien qui puisse t'abaisser aux yeux de qui que ce soit... et surtout... entends-tu... surtout aux yeux de cette personne... Il ne s'agit pas de lui demander de l'argent pour toi... mais de four-

nir une caution qui te donne les moyens de
continuer ton travail, afin que ta famille ne
soit pas sans ressources... Crois-moi, Agricol,
une telle demande n'a rien que de noble et
de digne de ta part... le cœur de cette demoiselle est généreux... elle te comprendra; cette
caution, pour elle, ne sera rien... pour toi ce
sera tout. Ce sera la vie des tiens.

— Tu as raison, ma bonne Mayeux — dit
Agricol avec accablement et tristesse; — peut-
être vaut-il mieux risquer cette démarche...
Si cette demoiselle consent à me rendre service, et qu'une caution puisse en effet me pré-
server de la prison... je serai préparé à tout
événement... Mais non, non — ajouta le forgeron en se levant — jamais je n'oserai m'a-
dresser à cette demoiselle. De quel droit le
ferai-je?.. Qu'est-ce que le petit service que je
lui ai rendu... auprès de ce que je lui demande?

— Crois-tu donc, Agricol, qu'une âme généreuse mesure les services qu'elle peut rendre
à ceux qu'elle a reçus?.. aie confiance en moi
pour ce qui est du cœur... je ne suis qu'une
pauvre créature qui ne doit se comparer à

personne; je ne suis rien, je ne puis rien. Eh bien! pourtant, je suis sûre... oui, Agricol... je suis sûre..... que cette demoiselle si au-dessus de moi... éprouvera ce que je ressens dans cette circonstance;... oui, comme moi, elle comprendra ce que ta position a de cruel, et elle fera avec joie, avec bonheur, avec reconnaissance, ce que je ferais... si, hélas! je pouvais autre chose que me dévouer sans utilité...

Malgré elle, la Mayeux prononça ces derniers mots avec une expression si navrante; il y avait quelque chose de si poignant dans la comparaison que cette infortunée, obscure et dédaignée, misérable et infirme, faisait d'elle-même avec Adrienne de Cardoville, ce type resplendissant de jeunesse, de beauté, d'opulence, qu'Agricol fut ému jusqu'aux larmes; tendant une de ses mains à la Mayeux, il lui dit d'une voix attendrie :

— Combien tu es bonne!... qu'il y a en toi de noblesse, de bon sens, de délicatesse!..

— Malheureusement je ne peux que cela... conseiller...

— Et tes conseils seront suivis... ma bonne

Mayeux; ils sont ceux de l'âme la plus élevée que je connaisse... Et puis, tu m'as rassuré sur cette démarche en me persuadant que le cœur de mademoiselle de Cardoville... valait le tien...

A ce rapprochement naïf et sincère, la Mayeux oublia presque tout ce qu'elle venait de souffrir, tant son émotion fut douce, consolante... Car si pour certaines créatures fatalement vouées à la souffrance, il est des douleurs inconnues au monde, quelquefois il est pour elles d'humbles et timides joies, inconnues aussi... Le moindre mot de tendre affection qui les relève à leurs propres yeux est si bienfaisant, si ineffable pour ces pauvres êtres habituellement voués aux dédains, aux duretés et au doute désolant de soi-même!

— Ainsi, c'est convenu, tu iras... demain matin chez cette demoiselle... n'est-ce pas?.. — s'écria la Mayeux renaissant à l'espoir. — Au point du jour, je descendrai veiller à la porte de la rue; afin de voir s'il n'y a rien de suspect, et de pouvoir t'avertir...

— Bonne et excellente fille... — dit Agricol de plus en plus ému.

— Il faudra tâcher de partir avant le réveil de ton père... Le quartier où demeure cette demoiselle est si désert... que ce sera déjà presque te cacher... que d'y aller...

— Il me semble entendre la voix de mon père — dit tout à coup Agricol.

En effet, la chambre de la Mayeux était si voisine de la mansarde du forgeron, que celui-ci et la couturière, prêtant l'oreille, entendirent Dagobert qui disait dans l'obscurité :

— Agricol... est-ce que tu dors, mon garçon ?... Moi, mon premier somme est fait... la langue me démange en diable...

— Va vite, Agricol — dit la Mayeux — ton absence pourrait l'inquiéter... En tout cas ne sors pas demain matin avant que je puisse te dire... si j'ai vu quelque chose d'inquiétant.

— Agricol... tu n'es donc pas là ! — reprit Dagobert d'une voix plus haute.

— Me voici, mon père — dit le forgeron en sortant du cabinet de la Mayeux et en entrant dans la mansarde de son père — j'avais été fermer le volet d'un grenier que le vent agitait... de peur que le bruit ne te réveillât...

— Merci, mon garçon... mais ce n'est pardieu pas le bruit qui m'a réveillé — dit gaiement Dagobert — c'est une *faim* enragée de causer avec toi... Ah! mon pauvre garçon, c'est un fier dévorant qu'un vieux bonhomme de père qui n'a pas vu son fils depuis dix-huit ans!..

— Veux-tu de la lumière, mon père?

— Non, non, c'est du luxe... causons dans le noir... ça me fera un nouvel effet de te voir demain matin, au point du jour... ce sera comme si je te voyais une seconde fois... pour la première fois.

La porte de la chambre d'Agricol se referma, la Mayeux n'entendit plus rien...

La pauvre créature se jeta tout habillée sur son lit et ne ferma pas l'œil de la nuit; attendant avec angoisse que le jour parût, afin de veiller sur Agricol.

Pourtant, malgré ses vives inquiétudes pour le lendemain, elle se laissait quelquefois aller aux rêveries d'une mélancolie amère, elle comparait l'entretien qu'elle venait d'avoir dans le silence de la nuit avec l'homme qu'elle adorait en secret, à ce qu'eût été cet entretien si elle avait eu en partage le charme et la beauté, si elle avait été aimée comme elle aimait... d'un amour chaste et dévoué... Mais songeant bientôt qu'elle ne devait jamais connaître les ravissantes douceurs d'une passion partagée, elle trouva sa consolation dans l'espoir d'avoir été utile à Agricol.

Au point du jour la Mayeux se leva doucement et descendit l'escalier à petit bruit, afin de voir si au dehors rien ne menaçait Agricol.

CHAPITRE XVI.

LE RÉVEIL.

Le temps humide et brumeux, pendant une partie de la nuit, était, au matin, devenu clair et froid. A travers le petit châssis vitré qui éclairait la mansarde où Agricol avait couché avec son père, on apercevait un coin du ciel bleu.

Le cabinet du jeune forgeron était d'un aspect aussi pauvre que celui de la Mayeux : pour tout ornement, au-dessus de la petite table de bois blanc où Agricol écrivait ses inspirations poétiques, on voyait, cloué au mur, le portrait de Béranger, du poète immortel que le peuple chérit et révère... parce que ce rare et excellent génie a aimé, a éclairé le peuple et a chanté ses gloires et ses revers.

Quoique le jour commençât de poindre, Dagobert et Agricol étaient déjà levés. Ce dernier avait eu assez d'empire sur lui-même pour dissimuler ses vives inquiétudes, car la réflexion était encore venue augmenter ses craintes.

La récente échauffourée de la rue des Prouvaires avait motivé un grand nombre d'arrestations préventives; et la découverte de plusieurs exemplaires de son chant du *Travailleur affranchi*, faite chez l'un des chefs de ce complot avorté, devait en effet compromettre passagèrement le jeune forgeron ; mais, on l'a dit, son père ne soupçonnait pas ses angoisses.

Assis à côté de son fils sur le bord de leur mince couchette, le soldat, qui, dès l'aube du jour, s'était vêtu et rasé avec son exactitude militaire, tenait entre ses mains les deux mains d'Agricol; sa figure rayonnait de joie, il ne pouvait se lasser de le contempler.

— Tu vas te moquer de moi, mon garçon — lui disait-il — mais je donnais la nuit au diable pour te voir au grand jour... comme je te vois maintenant... A la bonne heure... je ne perds rien... Autre bêtise de ma part, ça me flatte de te voir porter moustaches. Quel beau grenadier à cheval tu aurais fait!... Tu n'as donc jamais eu envie d'être soldat?

— Et ma mère?...

— C'est juste; et puis, après tout, je crois, vois-tu, que le temps du sabre est passé. Nous autres vieux, nous ne sommes plus bons qu'à mettre au coin de la cheminée comme une vieille carabine rouillée; nous avons fait notre temps.

— Oui, votre temps d'héroïsme et de gloire — dit Agricol avec exaltation; puis il ajouta d'une voix profondément tendre et émue : — Sais-tu que c'est beau et bon d'être ton fils!...

— Pour beau.... je n'en sais rien;... pour bon... ça doit l'être, car je t'aime fièrement... Et quand je pense que ça ne fait que commencer, dis donc, Agricol! Je suis comme ces affamés qui sont restés des jours sans manger... Ce n'est que petit à petit qu'ils se remettent... qu'ils dégustent... Or, tu peux t'attendre à être dégusté... mon garçon... matin et soir... tous les jours... Tiens, je ne veux pas penser à cela : *tous les jours*... ça m'éblouit... ça se brouille ; je n'y suis plus...

Ces mots de Dagobert firent éprouver un ressentiment pénible à Agricol, il crut y voir le pressentiment de la séparation dont il était menacé.

— Ah çà ! tu es donc heureux ? M. Hardy est toujours bon pour toi ?

— Lui ?.. — dit le forgeron — c'est ce qu'il y a au monde de meilleur, de plus équitable et de plus généreux ; si vous saviez quelles merveilles il a accomplies dans sa fabrique ! comparée aux autres, c'est un paradis au milieu de l'enfer.

— Vraiment ?

— Vous verrez... que de bien-être, que de joie, que d'affection sur tous les visages de ceux qu'il emploie, et comme on travaille avec plaisir... avec ardeur !

— Ah çà ! c'est donc un magicien que ton M. Hardy ?

— Un grand magicien, mon père... il a su rendre le travail attrayant... voilà pour le plaisir... En outre d'un juste salaire, il nous accorde une part dans ses bénéfices, selon notre capacité, voilà pour l'ardeur qu'on met à travailler ; et ce n'est pas tout, il a fait construire de grands et beaux bâtiments où tous les ouvriers trouvent, à moins de frais qu'ailleurs, des logements gais et salubres et où ils jouissent de tous les bienfaits de l'association... Mais vous verrez, vous dis-je... vous verrez!!

— On a bien raison de dire que Paris est le pays des merveilles. Enfin, m'y voilà... pour ne plus te quitter, ni toi, ni la bonne femme.

— Non, mon père, nous ne nous quitterons plus... — dit Agricol en étouffant un soupir ; — nous tâcherons, ma mère et moi, de vous faire oublier tout ce que vous avez souffert.

— Souffert! qui diable a souffert?... regarde-moi donc bien en face, est-ce que j'ai mine d'avoir souffert? Mordieu! depuis que j'ai mis le pied ici je me sens jeune homme... Tu me verras marcher tantôt, je parie que je te lasse. Ah çà! tu te feras beau, hein! garçon? comme on va nous regarder!.. Je parie qu'en voyant ta moustache noire et ma moustache grise on dira tout de suite : Voilà le père et le fils. Ah çà! arrangeons notre journée... tu vas écrire au père du maréchal Simon que ses petites-filles sont arrivées, et qu'il faut qu'il se hâte de revenir à Paris, car il s'agit d'affaires très-importantes pour elles... pendant que tu écriras je descendrai dire bonjour à ma femme et à ces chères petites ; nous mangerons un morceau ; ta mère ira à sa messe, car je vois qu'elle y mord toujours ; la digne femme, tant mieux, si ça l'amuse ; pendant ce temps-là, nous ferons une course ensemble.

— Mon père — dit Agricol avec embarras ce matin... je ne pourrai pas vous accompagner.

— Comment, tu ne pourras pas ? mais c'est dimanche ?

— Oui, mon père — dit Agricol en hésitant — mais j'ai promis de revenir toute la matinée à l'atelier pour terminer un ouvrage pressé... Si j'y manquais... je causerais quelque dommage à M. Hardy. Tantôt je serai libre.

— C'est différent — dit le soldat avec un sourire de regret — je croyais étrenner Paris avec toi... ce matin... ce sera pour plus tard, car le travail... c'est sacré; puisque c'est lui qui soutient ta mère... C'est égal, c'est vexant, diablement vexant, et encore... non... je suis injuste... vois donc comme on s'habitue vite au bonheur... voilà que je grogne en vrai grognard pour une promenade reculée de quelques heures, moi qui, pendant dix-huit ans, ai espéré te revoir sans trop y compter... Tiens, je ne suis qu'un vieux fou, vive la joie et mon Agricol...

Et pour se consoler, le soldat embrassa gaiement et cordialement son fils.

Cette caresse fit mal au forgeron, car il craignait de voir d'un moment à l'autre se réaliser les craintes de la Mayeux.

— Maintenant que je suis remis — dit Dagobert en riant — parlons d'affaires : sais-tu où je trouverai l'adresse de tous les notaires de Paris?

— Je ne le sais pas;... mais rien n'est plus facile.

— Voici pourquoi j'ai envoyé de Russie par la poste, et par ordre de la mère des deux enfants que j'ai amenés ici, des papiers importants à un notaire de Paris. Comme je devais aller le voir dès mon arrivée... j'avais écrit son nom et son adresse sur un portefeuille; mais on me l'a volé en route... et comme j'ai oublié ce diable de nom, il me semble que si je le revoyais sur cette liste, je me le rappellerais...

Deux coups frappés à la porte de la mansarde firent tressaillir Agricol.

Involontairement il pensa au mandat d'amener lancé contre lui.

Son père, qui, au bruit, avait tourné la tête, ne s'aperçut pas de son émotion, et dit d'une voix forte :

— Entrez!

La porte s'ouvrit; c'était Gabriel. Il portait une soutane noire et un chapeau rond.

Reconnaître son frère adoptif, se jeter dans ses bras, ces deux mouvements furent, chez Agricol, rapides comme la pensée.

— Mon frère!
— Agricol!
— Gabriel!

— Après une si longue absence!

— Enfin te voilà!...

Tels étaient les mots échangés entre le forgeron et le missionnaire étroitement embrassés.

Dagobert, ému, charmé de ces fraternelles étreintes, sentait ses yeux devenir humides. Il y avait en effet quelque chose de touchant dans l'affection de ces deux jeunes gens, de cœur si pareil, de caractère et d'aspect si différents; car la mâle figure d'Agricol faisait encore ressortir la délicatesse de l'angélique physionomie de Gabriel.

— J'étais prévenu par mon père de ton arrivée... — dit enfin le forgeron à son frère adoptif. — Je m'attendais à te voir d'un moment à l'autre... et pourtant... mon bonheur est cent fois plus grand encore que je ne l'espérais.

— Et ma bonne mère... — dit Gabriel en serrant affectueusement les mains de Dagobert — vous l'avez trouvée en bonne santé?

— Oui, mon brave enfant, sa santé deviendra cent fois meilleure encore, puisque nous voilà tous réunis;... rien n'est sain comme la joie... — puis, s'adressant à Agricol qui, oubliant sa crainte d'être arrêté, regardait le missionnaire avec une expression d'ineffable affection : — Et quand on pense qu'avec cette figure de jeune fille, Gabriel a un courage de lion... car je t'ai dit avec quelle intrépidité il avait sauvé les filles du maréchal Simon, et tenté de me sauver moi-même...

— Mais, Gabriel, qu'as-tu donc au front? — s'écria tout à coup le forgeron qui, depuis quelques instants, regardait attentivement le missionnaire.

Gabriel ayant jeté son chapeau en entrant, se trouvait justement au-dessous du châssis vitré dont la vive lumière éclairait son visage pâle et doux ; là cicatrice circulaire, qui s'étendait au-dessus de ses sourcils d'une tempe à l'autre, se voyait alors parfaitement.

Au milieu des émotions si diverses, des événements si précipités qui avaient suivi le naufrage, Dagobert, pendant son court entretien avec Gabriel au château de Cardoville, n'avait pu remarquer la cicatrice qui ceignait le front du jeune missionnaire ; mais partageant alors la surprise d'Agricol, il dit :

— Mais en effet... quelle est cette cicatrice... que tu as là au front?...

— Et aux mains... Vois donc... mon père — s'écria le forgeron en saisissant une des mains que le jeune prêtre avançait vers lui comme pour le rassurer.

— Gabriel... mon brave enfant, explique-nous cela... Qui t'a blessé ainsi? — ajouta Dagobert.

Et prenant à son tour la main du missionnaire, il examina la blessure, pour ainsi dire en connaisseur, et ajouta :

— En Espagne, un de mes camarades a été détaché d'une croix de carrefour où les moines l'avaient crucifié pour l'y laisser mourir de faim et de soif... Depuis, il a porté aux mains des cicatrices pareilles à celles-ci.

— Mon père a raison... On le voit, tu as eu les mains percées... mon pauvre frère — dit Agricol douloureusement ému.

— Mon Dieu... ne vous occupez pas de cela — dit Gabriel en rougissant avec un embarras modeste. — J'étais allé en mission chez les sauvages des montagnes Rocheuses ; ils m'ont crucifié. Ils commençaient à me scalper, lorsque... la Providence m'a sauvé de leurs mains.

— Malheureux enfant, tu étais donc sans armes? tu n'avais donc pas d'escorte suffisante? — dit Dagobert.

— Nous ne pouvons pas porter d'armes — dit Gabriel en souriant doucement — et nous n'avons jamais d'escorte.

— Et tes camarades, ceux qui étaient avec toi, comment ne t'ont-ils pas défendu? — s'écria impétueusement Agricol.

— J'étais seul... mon frère.

— Seul...

— Oui, seul, avec un guide.

— Comment! tu es allé, seul, désarmé au milieu de ce pays barbare? — répéta Dagobert ne pouvant croire à ce qu'il entendait.

— C'est sublime... — dit Agricol.

— La foi ne peut s'imposer par la force — reprit simplement Gabriel — la persuasion peut seule répandre l'évangélique charité parmi ces pauvres sauvages.

— Mais, lorsque la persuasion échoue... — dit Agricol.

— Que veux-tu, mon frère?... on meurt

pour sa croyance... en plaignant ceux qui la repoussent... car elle est bienfaisante à l'humanité.

Il y eut un moment de profond silence après cette réponse faite avec une simplicité touchante.

Dagobert se connaissait trop en courage pour ne pas comprendre cet héroïsme à la fois calme et résigné; ainsi que son fils, il contemplait Gabriel avec une admiration mêlée de respect.

Gabriel, sans affectation de fausse modestie, semblait complétement étranger aux sentiments qu'il faisait naître; aussi, s'adressant au soldat :

— Qu'avez-vous donc?

— Ce que j'ai — s'écria le soldat — j'ai qu'après trente ans de guerre... je me croyais à peu près aussi brave que personne... et je trouve mon maître... et ce maître... c'est toi...

— Moi... que voulez-vous dire?... qu'ai-je donc fait?...

— Mordieu ! sais-tu que ces braves blessures-là — et le vétéran prit avec transport les mains de Gabriel — sont aussi glorieuses...

sont plus glorieuses que les nôtres... à nous autres, batailleurs de profession...

— Oui... mon père dit vrai — s'écria Agricol — et il ajouta avec exaltation : — Ah !... voilà les prêtres comme je les aime, comme je les vénère, charité, courage, résignation !!!

— Je vous en prie... ne me vantez pas ainsi... — dit Gabriel avec embarras.

— Te vanter !... — reprit Dagobert — ah çà ! voyons... quand j'allais au feu, moi, est-ce que j'y allais seul? est-ce que mon capitaine ne me voyait pas? est-ce que mes camarades n'étaient pas là?... est-ce qu'à défaut de vrai courage je n'aurais pas eu l'amour-propre... pour m'éperonner; sans compter les cris de la bataille, l'odeur de la poudre, les fanfares des trompettes, le bruit du canon, l'ardeur de mon cheval qui me bondissait entre les jambes, le diable et son train, quoi ! sans compter enfin que je sentais l'Empereur là, qui, pour ma peau hardiment trouée, me donnerait un bout de galon ou de ruban pour compresse... Grâce à tout cela je passais pour crâne... Lon ;... mais n'es-tu pas mille fois plus crâne que moi, toi, mon brave enfant, toi qui t'en vas tout seul... désarmé... affronter des ennemis cent fois plus féroces que ceux que nous n'abordions, nous autres, que par escadrons et à grands coups de lattes avec accompagnement d'obus et de mitraille?

— Digne père... — s'écria le forgeron — comme c'est beau et noble à lui de te rendre cette justice!...

— Ah! mon frère... sa bonté pour moi lui exagère ce qui est naturel...

— Naturel... pour des gaillards de ta trempe, oui! — dit le soldat — et cette trempe-là est rare...

— Oh! oui, bien rare, car ce courage-là est le plus admirable des courages — reprit Agricol — Comment! tu sais aller à une mort presque certaine et tu pars seul un crucifix à la main pour prêcher la charité, la fraternité chez les sauvages; ils te prennent, ils te torturent, et toi, tu attends la mort sans te plaindre, sans haine, sans colère, sans vengeance... le pardon à la bouche... le sourire aux lèvres... Et cela au fond des bois, seul, sans qu'on le sache, sans qu'on le voie, sans autre espoir, si tu en réchappes, que de cacher tes blessures sous ta modeste robe noire... Mordieu... mon père a raison, viens donc soutenir encore que tu n'es pas aussi brave que lui?

— Et encore — reprit Dagobert — le pauvre enfant fait tout cela *pour le roi de Prusse*, car, comme tu dis, mon garçon, son courage et ses blessures ne changeront jamais sa robe noire en robe d'évêque.

— Je ne suis pas si désintéressé que je le parais — dit Gabriel à Dagobert en souriant doucement; — si j'en suis digne, une grande récompense peut m'attendre là-haut.

— Quant à cela, mon garçon, je n'y entends rien... et je ne disputerai pas avec toi là-dessus... Ce que je soutiens... c'est que ma vieille croix serait au moins aussi bien placée sur ta soutane que sur mon uniforme.

— Mais ces récompenses ne sont jamais pour d'humbles prêtres comme Gabriel — dit le forgeron — et pourtant si tu savais, mon père, ce qu'il y a de vertu, de vaillance dans ce que le parti prêtre appelle insolemment le *bas clergé*... que de mérite caché, que de dévouements ignorés chez ces obscurs et dignes curés de campagne si inhumainement traités et tenus sous un joug impitoyable par leurs évêques ! Comme nous, ces pauvres prêtres sont des travailleurs dont tous les cœurs généreux doivent demander l'affranchissement ! fils du peuple comme nous, utiles comme nous, que justice leur soit rendue comme à nous... Est-ce vrai, Gabriel !... Tu ne me démentiras pas, mon bon frère, car ton ambition, me disais-tu, eût été d'avoir une petite cure de campagne parce que tu savais tout le bien qu'on y pouvait faire...

— Mon désir est toujours le même — dit tristement Gabriel — mais malheureusement... — Puis, comme s'il eût voulu échapper à une pensée chagrine et changer d'entretien, il reprit en s'adressant à Dagobert : — Croyez-moi, soyez plus juste, ne rabaissez pas votre courage en exaltant trop le nôtre ;... votre courage est grand, bien grand, car après le combat la vue du carnage doit être terrible pour un cœur généreux... Nous, au moins, si l'on nous tue... nous ne tuons pas...

A ces mots du missionnaire le soldat se redressa et le regarda avec surprise.

— Voilà qui est singulier ! — dit-il.

— Quoi donc ? mon père.

— Ce que Gabriel me dit là me rappelle ce que j'éprouvais à la guerre à mesure que je vieillissais.—Puis, après un moment de silence, Dagobert ajouta d'un ton grave et triste qui ne lui était pas habituel : — Oui, ce que dit Gabriel me rappelle... ce que j'éprouvais à la guerre... à mesure que je vieillissais... Voyez-vous, mes enfants, plus d'une fois quand le soir d'une grande bataille j'étais en vedette... seul... la nuit... au clair de la lune, sur le terrain qui nous restait, mais qui était couvert de cinq à six mille cadavres parmi lesquels j'avais de vieux camarades de guerre... alors ce triste tableau, ce grand silence me dégrisait de l'envie de sabrer... (griserie comme une autre) et... je me disais : Voilà bien des hommes tués... Pourquoi?... pourquoi?... ce qui ne m'empêchait pas, bien entendu, lorsque le lendemain on sonnait la charge, de me remettre à sabrer comme un sourd... Mais c'est égal, quand, le bras fatigué, j'essuyais après une charge mon sabre tout sanglant sur la crinière de mon cheval... je me disais encore... J'en ai tué... tué... tué... *Pourquoi?*

Le missionnaire et le forgeron se regardèrent en entendant le soldat faire ce singulier retour vers le passé.

— Hélas ! — lui dit Gabriel — tous les cœurs généreux ressentent ce que vous ressentiez, à ces heures solennelles où l'ivresse de la gloire a disparu et où l'homme reste seul avec les bons instincts que Dieu a mis dans son cœur.

— C'est ce qui te prouve, mon brave enfant, que tu vaux mieux que moi, car ces nobles instincts, comme tu dis, ne t'ont jamais abandonné ; mais comment diable es-tu sorti des griffes de ces enragés sauvages qui t'avaient déjà crucifié ?

A cette question de Dagobert, Gabriel tressaillit et rougit si visiblement que le soldat lui dit :

— Si tu ne dois ou si tu ne peux pas répondre à ma demande... suppose que je n'ai rien dit...

— Je n'ai rien à vous cacher ni à mon frère... — dit le missionnaire d'une voix altérée. — Seulement j'aurai de la peine à vous faire comprendre... ce que je ne comprends pas moi-même...

— Comment cela? — dit Agricol surpris.

— Sans doute — dit Gabriel en rougissant — j'aurai été dupe d'un mensonge de mes sens trompés... Dans ce moment suprême où j'attendais la mort avec résignation... mon esprit affaibli malgré moi aura été trompé par une apparence... et ce qui, à cette heure encore, me paraît inexplicable, m'aurait été dévoilé plus tard;... nécessairement j'aurais su quelle était cette femme étrange...

Dagobert, en entendant le missionnaire, restait stupéfait, car, lui aussi, cherchait vainement à s'expliquer le secours inattendu qui l'avait fait sortir de la prison de Leipsick, ainsi que les orphelines.

— De quelle femme parles-tu? — demanda le forgeron au missionnaire.

— De celle qui m'a sauvé.

— C'est une femme qui t'a sauvé des mains des sauvages? — dit Dagobert.

— Oui — répondit Gabriel absorbé dans ses souvenirs — une femme jeune et belle...

— Et qui était cette femme? — dit Agricol.

— Je ne sais... quand je le lui ai demandé...
elle m'a répondu : « *Je suis la sœur des affligés.* »

— Et d'où venait-elle? où allait-elle? — dit
Dagobert singulièrement intéressé.

Je vais où l'on souffre... m'a-t-elle répondu
— repartit le missionnaire — et elle a continué son chemin vers le nord de l'Amérique,
vers ces pays désolés où la neige est éternelle...
et les nuits sans fin...

— Comme en Sibérie... — dit Dagobert
devenu pensif.

— Mais — reprit Agricol en s'adressant à
Gabriel, qui semblait aussi de plus en plus
absorbé — de quelle manière cette femme
est-elle venue à ton secours?

Le missionnaire allait répondre, lorsqu'un
coup discrètement frappé à la porte de la
chambre renouvela les craintes qu'Agricol
oubliait depuis l'arrivée de son frère adoptif.

— Agricol — dit une voix douce derrière
la porte — je voudrais te parler à l'instant
même...

Le forgeron reconnut la voix de la Mayeux,
et alla ouvrir.

La jeune fille, au lieu d'entrer, se recula

d'un pas dans le sombre corridor, et dit d'une voix inquiète :

— Mon Dieu, Agricol, il y a une heure qu'il fait grand jour, et tu n'es pas encore parti... quelle imprudence!... j'ai veillé en bas... dans la rue... Jusqu'à présent, je n'ai rien vu d'alarmant... mais on peut venir pour t'arrêter d'un moment à l'autre... Je t'en conjure... hâte-toi de partir, et d'aller chez mademoiselle de Cardoville... il n'y a pas une minute à perdre...

— Sans l'arrivée de Gabriel, je serais parti... Mais pouvais-je résister au bonheur de rester quelques instants avec lui?

— Gabriel est ici? — dit la Mayeux avec une douce surprise, car, on l'a dit, elle avait été élevée avec lui et Agricol.

— Oui — répondit Agricol — depuis une demi-heure il est avec moi et mon père...

— Quel bonheur j'aurai aussi à le revoir! — dit la Mayeux. — Il sera sans doute monté pendant que j'étais allée tout à l'heure chez ta mère, lui demander si je pouvais lui être bonne à quelque chose, à cause de ces jeunes demoiselles... Mais elles sont si fatiguées, qu'elles dorment encore... Madame Françoise m'a priée de te donner cette lettre pour ton père... elle vient de la recevoir...

— Merci, ma bonne Mayeux...

— Maintenant que tu as vu Gabriel... ne reste pas plus long-temps... juge quel coup pour ton père... si devant lui on venait t'arrêter, mon Dieu !

— Tu as raison.... il est urgent que je parte... Auprès de lui et de Gabriel, malgré moi j'avais oublié mes craintes...

— Pars vite.... et peut-être dans deux heures, si mademoiselle de Cardoville te rend ce grand service... tu pourras revenir bien rassuré pour toi et pour les tiens...

— C'est vrai... quelques minutes encore... et je descends.

— Je retourne guetter à la porte, si je voyais quelque chose... je remonterais vite t'avertir ; mais ne tarde pas.

— Sois tranquille...

La Mayeux descendit prestement l'escalier pour aller veiller à la porte de la rue, et Agricol rentra dans la mansarde.

— Mon père — dit-il à Dagobert — voici une lettre que ma mère vous prie de lire ; elle vient de la recevoir.

— Eh bien ! lis pour moi, mon garçon.

Agricol lut ce qui suit :

« Madame,

» J'apprends que votre mari est chargé,
» par M. le général Simon, d'une affaire de
» la plus grande importance. Veuillez, dès
» que votre mari arrivera à Paris, le prier de
» se rendre dans mon étude, à Chartres, sans
» le moindre délai. Je suis chargé de lui re-
» mettre, *à lui-même et non à d'autres*, des
» pièces indispensables aux intérêts de M. le
» général Simon.

» DURAND, notaire à Chartres. »

Dagobert regarda son fils avec étonnement, et lui dit :

— Qui aura pu instruire ce monsieur de ma prochaine arrivée à Paris?

— Peut-être ce notaire dont vous avez perdu l'adresse et à qui vous aviez envoyé des papiers, mon père — dit Agricol.

— Mais il ne s'appelait pas Durand et, je m'en souviens bien, il était notaire à Paris, non à Chartres... D'un autre côté — ajouta le soldat en réfléchissant — s'il a des papiers d'une grande importance, qu'il ne doit remettre qu'à moi...

— Vous ne pouvez, il me semble, vous dispenser de partir le plus tôt possible — dit Agricol presque heureux de cette circonstance qui éloignait son père pendant environ deux jours, durant lesquels son sort, à lui Agricol, serait décidé d'une façon ou d'une autre.

— Ton conseil est bon — lui dit Dagobert.

— Cela contrarie vos projets? — demanda Gabriel.

— Un peu, mes enfants; car je comptais passer ma journée avec vous autres... Enfin... le devoir avant tout. Je suis bien venu de Sibérie à Paris... ce n'est pas pour craindre d'aller de Paris à Chartres, lorsqu'il s'agit d'une affaire si importante. En deux fois vingt-quatre heures je serai de retour. Mais, c'est égal, c'est singulier; que le diable m'emporte si je m'attendais à vous quitter aujourd'hui pour aller à Chartres! Heureusement je laisse Rose et Blanche à ma bonne femme, et leur ange Gabriel, comme elles l'appellent, viendra leur tenir compagnie.

— Cela me sera malheureusement impossible — dit le missionnaire avec tristesse. — Cette visite de retour à ma bonne mère et à Agricol... est aussi une visite d'adieux.

— Comment! d'adieux? — dirent à la fois Dagobert et Agricol.

— Hélas, oui!

— Tu repars déjà pour une autre mission? — dit Dagobert — C'est impossible.

— Je ne puis rien vous répondre à ce sujet — dit Gabriel en étouffant un soupir — mais d'ici à quelque temps... je ne puis, je ne dois revenir dans cette maison...

— Tiens, mon brave enfant — reprit le soldat avec émotion — il y a dans ta conduite quelque chose qui sent la contrainte... l'oppression... Je me connais en hommes... celui que tu appelles ton supérieur et que j'ai vu, quelques instants après le naufrage, au château de Cardoville... a une mauvaise figure, et, mordieu ! je suis fâché de te voir enrôlé sous un pareil capitaine.

— Au château de Cardoville... — s'écria le forgeron frappé de cette ressemblance de nom — c'est au château de Cardoville que l'on vous a recueillis après votre naufrage ?

— Oui, mon garçon ; qu'est-ce qui t'étonne ?

— Rien, mon père... Et les maîtres de ce château y habitaient-ils ?

— Non, car le régisseur, à qui je l'ai demandé pour les remercier de la bonne hospitalité que nous avions reçue, m'a dit que la personne à qui il appartenait habitait Paris...

— Quel singulier rapprochement ! — se dit Agricol — si cette demoiselle était la propriétaire du château qui porte son nom...

Puis, cette réflexion lui rappelant la promesse qu'il avait faite à la Mayeux, il dit à Dagobert :

— Mon père, excusez-moi... mais il est déjà tard... et je devais être aux ateliers à huit heures.

— C'est trop juste, mon garçon... Allons... c'est partie remise... à mon retour de Chartres... Embrasse-moi encore une fois et sauve-toi...

Depuis que Dagobert avait parlé à Gabriel de contrainte, d'oppression, ce dernier était resté pensif... Au moment où Agricol s'approchait pour lui serrer la main et lui dire adieu, le missionnaire lui dit d'une voix grave, solennelle, et d'un ton décidé qui étonna le forgeron et le soldat :

— Mon bon frère... un mot encore... J'étais aussi venu pour te dire que d'ici à quelques jours... j'aurai besoin de toi... de vous aussi, mon père... Laissez-moi vous donner ce nom — ajouta Gabriel d'une voix émue en se retournant vers Dagobert.

— Comme tu nous dis cela !... qu'y a-t-il donc? — s'écria le forgeron.

— Oui — reprit Gabriel — j'aurai besoin des conseils et de l'aide... de deux hommes d'honneur, de deux hommes de résolution;... je puis compter sur vous deux, n'est-ce pas? à toute heure... quelque jour que ce soit... sur un mot de moi... vous viendrez?

Dagobert et son fils se regardèrent en silence, étonnés de l'accent de Gabriel... Agricol sentit son cœur se serrer... S'il était prisonnier pendant que son frère aurait besoin de lui, comment faire?

— A toute heure de nuit et de jour, mon brave enfant, tu peux compter sur nous — dit Dagobert aussi surpris qu'intéressé — tu as un père et un frère... sers t'en...

— Merci... merci — dit Gabriel — vous me rendez bien heureux...

— Sais-tu une chose?—reprit le soldat — si ce n'était ta robe, je croirais... qu'il s'agit d'un duel... d'un duel à mort... de la façon dont tu nous dis cela !...

— D'un duel!... — dit le missionnaire en tressaillant — oui... il s'agira peut-être d'un duel étrange... terrible... pour lequel il me faut deux témoins tels que vous... un Père... et un Frère...

. . . .

Quelques instants après, Agricol, de plus en plus inquiet, se rendait en hâte chez mademoiselle de Cardoville, où nous allons conduire le lecteur.

CHAPITRE XVII.

LE PAVILLON.

L'hôtel de Saint-Dizier était une des plus vastes et des plus belles habitations de la rue de Babylone à Paris.

Rien de plus sévère, de plus imposant, de plus triste que l'aspect de cette antique demeure; d'immenses fenêtres à petits carreaux, peintes en gris-blanc, faisaient paraître plus sombres encore ses assises de pierre de taille noircies par le temps.

Cet hôtel ressemblait à tous ceux qui avaient été bâtis dans ce quartier vers le milieu du siècle dernier : c'était un grand corps de logis à fronton triangulaire et à toit coupé, exhaussé d'un premier étage et d'un rez-de-chaussée auquel on montait par un large perron. L'une des façades donnait sur une cour immense, bornée de chaque côté par des arcades communiquant à de vastes communs; l'autre façade regardait le jardin, véritable parc de douze ou quinze arpents : de ce côté deux ailes en retour, attenant au corps de logis principal, formaient deux galeries latérales.

Comme dans presque toutes les grandes habitations de ce quartier, on voyait à l'extrémité du jardin ce qu'on appelait le *petit hôtel* ou la petite maison.

C'était un pavillon Pompadour bâti en rotonde avec le charmant mauvais goût de l'époque; il offrait, dans toutes les parties où la pierre avait pu être fouillée, une incroyable profusion de chicorées, de nœuds de ruban, de guirlandes de fleurs, d'amours bouffis. Ce pavillon, habité par Adrienne de Cardoville, se composait d'un rez-de-chaussée auquel on arrivait par un péristyle exhaussé de quelques marches; un petit vestibule conduisait à un salon circulaire, éclairé par le haut; quatre autres pièces venaient y aboutir, et quelques chambres d'entresol dissimulé dans l'attique servaient de dégagement.

Ces dépendances de grandes habitations sont de nos jours inoccupées, ou transformées en orangeries bâtardes; mais, par une rare exception, le pavillon de l'hôtel de Saint-Dizier avait été gratté et restauré; sa pierre blanche étincelait comme du marbre de Paros, et sa tournure coquette et rajeunie contrastait singulièrement avec le sombre bâtiment que l'on apercevait à l'extrémité d'une immense pelouse semée çà et là de gigantesques bouquets d'arbres verts.

La scène suivante se passait le lendemain du jour où Dagobert était arrivé rue Brise-Miche avec les filles du général Simon.

Huit heures du matin venaient de sonner à l'église voisine; un beau soleil d'hiver se levait brillant dans un ciel pur et bleu, derrière les grands arbres effeuillés qui, l'été, formaient un dôme de verdure au-dessus du petit pavillon Louis XV.

La porte du vestibule s'ouvrit, et les rayons du soleil éclairèrent une charmante créature, ou plutôt deux charmantes créatures, car l'une d'elles, pour occuper une place modeste dans l'échelle de la création, n'en avait pas moins une beauté relative fort remarquable.

En d'autres termes une jeune fille, une ravissante petite chienne anglaise, de cette espèce nommée *King-Charles's*, apparurent sous le péristyle de la rotonde.

La jeune fille s'appelait *Georgette*, la petite chienne *Lutine*.

Georgette a dix-huit ans; jamais Florine ou Marton, jamais soubrette de Marivaux n'a eu figure plus espiègle, œil plus vif, sourire plus malin, dents plus blanches, joues plus roses, taille plus coquette, pied plus mignon, tournure plus agaçante.

Quoiqu'il fût encore de très-bonne heure, Georgette était habillée avec soin et recherche; un petit bonnet de valenciennes à barbes plates façon demi-paysanne, garni de rubans roses et posé un peu en arrière sur des bandeaux d'admirables cheveux blonds, encadrait son frais et piquant visage; une robe de levantine grise, drapée d'un fichu de linon, attaché sur sa poitrine par une grosse bouffette de satin rose, dessinait son corsage élégamment arrondi; un tablier de toile de Hollande blanche comme neige, garni par le bas de trois larges ourlets surmontés de points à jours, ceignait sa taille ronde et souple comme un jonc;... ses manches courtes et plates, bordées d'une petite ruche de dentelle, laissaient voir ses bras dodus, fermes et blancs, que ses longs gants de Suède montant jusqu'au coude défendaient de la rigueur du froid. Lorsque Georgette retroussa le bas de sa robe pour descendre plus prestement les marches du péristyle, elle montra aux yeux indifférents de Lutine le commencement d'un mollet potelé, le bas d'une jambe fine, chaussée d'un bas de soie blanc, et un charmant petit pied dans son brodequin noir de satin turc.

Lorsqu'une blonde comme Georgette se mêle d'être piquante, lorsqu'une vive étincelle brille dans ses yeux d'un bleu tendre et gai, lorsqu'une joyeuse animation colore son teint transparent, elle a encore plus de *bouquet*, plus de montant qu'une brune.

Cette accorte et fringante soubrette, qui la veille avait introduit Agricol dans le pavillon, était la première femme de chambre de mademoiselle Adrienne de Cardoville, nièce de madame la princesse de Saint-Dizier.

Lutine, si heureusement retrouvée par le forgeron, poussant de petits jappements joyeux, bondissait, courait et folâtrait sur le gazon ; elle était un peu plus grosse que le poing ; son pelage, ondé d'un noir lustré, brillait comme de l'ébène sous le large ruban de satin rouge qui entourait son cou ; ses pattes, frangées de longues soies, étaient d'un feu ardent, ainsi que son museau démesurément camard ; ses grands yeux pétillaient d'intelligence, et ses oreilles frisées étaient si longues qu'elles traînaient à terre.

Georgette paraissait aussi vive, aussi pétulante que *Lutine*, dont elle partageait les ébats, courant après elle et se faisant poursuivre à son tour sur la verte pelouse.

Tout à coup, à la vue d'une seconde personne qui s'avançait gravement, Lutine et Georgette s'arrêtèrent subitement au milieu de leurs jeux. La petite *King-Charles's*, qui était quelques pas en avant, hardie comme un diable et fidèle à son nom, tint ferme son arrêt sur ses pattes nerveuses, et attendit fièrement l'*ennemi*, en montrant deux rangs de petits crocs qui, pour être d'ivoire, n'en étaient pas moins pointus.

L'*ennemi* consistait en une femme d'un âge mûr, accostée d'un carlin très-gras, couleur de café au lait; la panse arrondie, le poil lustré, le cou tourné un peu de travers, la queue tortillée en gimbelette : il marchait les jambes très-écartées, d'un pas doctoral et béat. Son museau noir, hargneux, renfrogné, que deux dents trop saillantes retroussaient du côté gauche, avait une expression singulièrement sournoise et vindicative.

Ce désagréable animal, type parfait de ce que l'on pourrait appeler le *chien de dévote*, répondait au nom de *Monsieur*.

La maîtresse de *Monsieur*, femme de cinquante ans environ, de taille moyenne et corpulente, était vêtue d'un costume aussi sombre, aussi sévère que celui de Georgette était pimpant et gai. Il se composait d'une robe brune, d'un mantelet de soie noire et d'un chapeau de même couleur; les traits de cette femme avaient dû être agréables dans sa jeunesse, et ses joues fleuries, ses sourcils prononcés, ses yeux noirs encore très-vifs s'accordaient assez peu avec la physionomie revêche et austère qu'elle tâchait de se donner.

Cette matrone à la démarche lente et discrète était madame Augustine Grivois, première femme de madame la princesse de Saint-Dizier.

Non-seulement l'âge, la physionomie, le costume de ces deux femmes offraient une opposition frappante, mais ce contraste s'étendait encore aux animaux qui les accompagnaient : il y avait la même différence entre *Lutine* et *Monsieur*, qu'entre *Georgette* et *madame Grivois*.

Lorsque celle-ci aperçut la petite *King-Charles's*, elle ne put retenir un mouvement de surprise et de contrariété qui n'échappa pas à la jeune fille.

Lutine, qui n'avait pas reculé d'un pouce depuis l'apparition de *Monsieur*, le regardait vaillamment d'un air de défi, et s'avança même vers lui d'un air si décidément hostile, que le carlin, trois fois plus gros que la petite *King-Charles's*, poussa un cri de détresse et chercha un refuge derrière madame Grivois.

Celle-ci dit à Georgette avec aigreur :

— Il me semble, mademoiselle, que vous pourriez vous dispenser d'agacer votre chien, et de le lancer sur le mien.

— C'est sans doute pour mettre ce respectable et vilain animal à l'abri de ce désagrément-là, qu'hier soir vous avez essayé de perdre *Lutine* en la chassant dans la rue par la petite porte du jardin. Mais, heureusement, un brave et digne garçon a retrouvé *Lutine* dans la rue de Babylone, et l'a rapportée à ma maîtresse. Mais à quoi dois-je, madame, le bonheur de vous voir si matin?

— Je suis chargée par la princesse — reprit madame Grivois ne pouvant cacher un sourire de satisfaction triomphante — de voir à l'instant même mademoiselle Adrienne... Il s'agit d'une chose très-importante que je dois lui dire à elle-même.

A ces mots, Georgette devint pourpre et ne put réprimer un léger mouvement d'inquiétude qui échappa heureusement à madame Grivois occupée de veiller au salut de *Monsieur* dont *Lutine* se rapprochait d'un air très-menaçant; ayant donc surmonté une émotion passagère, elle répondit avec assurance :

— Mademoiselle s'est couchée très-tard hier;... elle m'a défendu d'entrer chez elle avant midi.

— C'est possible;... mais comme il s'agit d'obéir à un ordre de la princesse sa tante... vous voudrez bien, s'il vous plaît, mademoiselle, éveiller votre maîtresse... à l'instant même.

— Ma maîtresse n'a d'ordres à recevoir de personne;... elle est ici chez elle; or, je ne l'éveillerai qu'à midi...

— Alors, je vais aller moi-même...

— Hébé ne vous ouvrira pas... Voici la clef du salon,... et par le salon seul... on peut entrer chez mademoiselle...

— Comment! vous osez vous refuser à me laisser exécuter les ordres de la princesse?

— Oui, j'ose commettre le grand crime de ne pas vouloir éveiller ma maîtresse.

— Voilà pourtant les résultats de l'aveugle bonté de madame la princesse pour sa nièce — dit la matrone d'un air contrit. — Mademoiselle Adrienne ne respecte plus les ordres de sa tante, et elle s'entoure de jeunes évaporées qui, dès le matin, sont parées comme des châsses...

— Ah, madame! Comment pouvez-vous médire de la parure, vous qui avez été autrefois la plus coquette, la plus sémillante des femmes de la princesse;... cela s'est répété dans l'hôtel de génération en génération jusqu'à nos jours.

— Comment, de génération... en génération! ne dirait-on pas que je suis centenaire!... voyez l'impertinente!...

— Je parle des générations de femmes de chambre... car, excepté vous, c'est au plus si elles peuvent rester deux ou trois ans chez la princesse. Elle a trop de qualités... pour ces pauvres filles...

— Je vous défends, mademoiselle, de parler ainsi de ma maîtresse... dont on ne devrait prononcer le nom qu'à genoux...

— Pourtant... si l'on voulait médire...

— Vous osez...

— Pas plus tard qu'hier soir... à onze heures et demie.

— Hier soir?...

— Un fiacre s'est arrêté à quelques pas du grand hôtel ;... un personnage mystérieux, enveloppé d'un manteau, en est descendu, a frappé discrètement non pas à la porte mais aux vitres de la fenêtre du concierge.. et à une heure du matin le fiacre stationnait encore... dans la rue... attendant toujours le mystérieux personnage au manteau... qui pendant tout ce temps-là... prononçait sans doute, comme vous dites, le nom de madame la princesse... à genoux...

Soit que madame Grivois n'eût pas été instruite de la visite faite à madame de Saint-Dizier par Rodin (car il s'agissait de lui) la veille au soir, après qu'il se fut assuré de l'arrivée à Paris des filles du général Simon, soit que madame Grivois dût paraître ignorer cette visite, elle répondit en haussant les épaules avec dédain :

— Je ne sais pas ce que vous voulez dire,

mademoiselle, je ne suis pas venue ici pour entendre vos impertinentes sornettes ; encore une fois, voulez-vous, oui ou non, m'introduire auprès de mademoiselle Adrienne?

— Je vous répète, madame, que ma maîtresse dort et qu'elle m'a défendu d'entrer chez elle avant midi.

Cet entretien avait lieu à quelque distance du pavillon, dont on voyait le péristyle au bout d'une assez grande avenue terminée en quinconce.

Tout à coup, madame Grivois s'écria en étendant la main dans cette direction :

— Grand Dieu... est-ce possible... qu'est-ce que j'ai vu !

— Quoi donc, qu'avez-vous vu? — répondit Georgette en se retournant.

— Qui... j'ai vu?... — répéta madame Grivois avec stupeur.

— Mais sans doute.

— Mademoiselle Adrienne!!

— Et où cela?

— Monter rapidement le péristyle... Je l'ai bien reconnue à sa démarche, à son chapeau, à son manteau... Rentrer à huit heures du matin — s'écria madame Grivois — mais ce n'est pas croyable!

— Mademoiselle?.. vous venez de voir mademoiselle? — et Georgette se prit à rire aux éclats.—Ah! je comprends...vous voulez renchérir sur ma véridique histoire du petit fiacre d'hier soir... C'est très-adroit...

— Je vous répète qu'à l'instant même... je viens de voir...

— Allons donc, madame Grivois, vous avez oublié vos lunettes...

— Dieu merci, j'ai de bons yeux... La petite porte qui ouvre sur la rue donne dans le quinconce près du pavillon, c'est par là sans doute que mademoiselle vient de rentrer... oh! mon Dieu, c'est à renverser... que va dire la princesse... Ah! ses pressentiments ne la trompaient pas... voilà où sa faiblesse pour les caprices de sa nièce devait la conduire; c'est monstrueux..... si monstrueux, que, quoique je vienne de le voir de mes yeux, je ne puis encore le croire...

— Puisqu'il en est ainsi, madame, c'est moi maintenant qui tiens à vous conduire chez mademoiselle, afin que vous vous assuriez par vous-même que vous avez été dupe d'une vision.

— Ah! vous êtes fine, ma mie... mais pas plus que moi... Vous me proposez d'entrer maintenant, je le crois bien...vous êtes sûre, à cette heure, que je trouverai mademoiselle Adrienne chez elle...

— Mais, madame, je vous assure...

— Tout ce que je puis vous dire, c'est que ni vous, ni Florine, ni Hébé ne resterez pas vingt-quatre heures ici; la princesse mettra un terme à un aussi horrible scandale, je vais à l'instant l'instruire de ce qui se passe. Sortir la nuit, mon Dieu! rentrer à huit heures du matin... mais j'en suis toute bouleversée... mais si je ne l'avais pas vu... de mes yeux vu... je ne pourrais le croire. Après tout, cela devait arriver... personne ne s'en étonnera... Non... certainement, et tous ceux à qui je vais raconter cette horreur me diront, j'en suis sûre : — C'est tout simple, cela ne pouvait finir autrement. — Ah! quelle douleur pour cette respectable princesse, quel coup affreux pour elle!

Et madame Grivois retourna précipitamment vers l'hôtel, suivi de *Monsieur* qui paraissait aussi courroucé qu'elle-même.

Georgette, leste et légère, courut de son côté vers le pavillon, afin de prévenir mademoiselle Adrienne de Cardoville que madame Grivois l'avait vue... ou croyait l'avoir vue rentrer furtivement par la petite porte du jardin.

CHAPITRE XVIII.

LA TOILETTE D'ADRIENNE.

Environ une heure s'était passée depuis que madame Grivois avait vu ou avait cru voir mademoiselle Adrienne de Cardoville rentrer le matin dans le pavillon de l'hôtel de Saint-Dizier.

Pour faire non pas excuser mais comprendre l'excentricité des tableaux suivants, il faut mettre en lumière quelques côtés saillants du caractère original de mademoiselle de Cardoville.

Cette originalité consistait en une excessive indépendance d'esprit jointe à une horreur naturelle de ce qui était laid et repoussant, et à un besoin insurmontable de s'entourer de tout ce qui était beau et attrayant.

Le peintre le plus amoureux du coloris, le statuaire le plus épris de la forme, n'éprouvaient pas plus qu'Adrienne le noble enthousiasme que la vue de la beauté parfaite inspire toujours aux natures d'élite.

Et ce n'était pas seulement le plaisir des yeux que cette jeune fille aimait à satisfaire; les modulations harmonieuses du chant, la mélodie des instruments, la cadence de la poésie lui causaient des plaisirs infinis, tandis qu'une voix aigre, un bruit discordant lui faisaient éprouver la même impression pénible, presque douloureuse, qu'elle ressentait involontairement à la vue d'un objet hideux. Aimant aussi passionnément les fleurs, les senteurs suaves, elle jouissait des parfums comme elle jouissait de la musique, comme elle jouissait de la beauté plastique... Faut-il enfin avouer cette énormité? Adrienne était friande et appréciait mieux que personne la pulpe fraîche d'un beau fruit, la saveur délicate d'un faisan doré, cuit à point, ou le bouquet odorant d'un vin généreux.

Mais Adrienne jouissait de tout avec une réserve exquise ; elle mettait sa religion à cultiver, à raffiner les sens que Dieu lui avait donnés : elle eût regardé comme une noire ingratitude d'émousser ces dons divins par des excès, ou de les avilir par des choix indignes dont elle se trouvait d'ailleurs préservée par l'excessive et impérieuse délicatesse de son goût.

Le BEAU et le LAID remplaçaient pour elle le BIEN et le MAL.

Son culte pour la grâce, pour l'élégance, pour la beauté physique, l'avait conduite au culte de la beauté morale, car, si l'expression d'une passion méchante et basse enlaidit les plus beaux visages, les plus laids sont ennoblis par l'expression des sentiments généreux.

En un mot, Adrienne était la personnification la plus complète, la plus idéale de la SENSUALITÉ... non de cette sensualité vulgaire, ignare, inintelligente, *mal apprise*, toujours faussée, corrompue par l'habitude ou par la nécessité de jouissances grossières et sans recherches, mais de cette sensualité exquise qui est aux sens ce que l'atticisme est à l'esprit.

L'indépendance du caractère de cette jeune

fille était extrême. Certaines sujétions humiliantes, imposées à la femme par sa position sociale, la révoltaient surtout; elle avait hardiment résolu de s'y soustraire.

Du reste, il n'y avait rien de viril chez Adrienne; c'était la femme la plus *femme* qu'on puisse imaginer : femme par sa grâce, par ses caprices, par son charme, par son éblouissante et *féminine* beauté ; femme par sa timidité comme par son audace; femme par sa haine du brutal despotisme de l'homme comme par le besoin de se dévouer follement, aveuglément pour celui qui pouvait mériter ce dévouement; femme aussi par son esprit piquant, un peu paradoxal ; femme supérieure enfin par son dédain juste et railleur pour certains hommes très-haut placés ou très-adulés qu'elle avait parfois rencontrés dans le salon de sa tante, la princesse de Saint-Dizier, lorsqu'elle habitait avec elle.

Ces indispensables explications données, nous ferons assister le lecteur au lever d'Adrienne de Cardoville qui sortait du bain.

Il faudrait posséder le coloris éclatant de l'école vénitienne pour rendre cette scène charmante, qui semblait plutôt se passer au seizième siècle, dans quelque palais de Florence ou de Bologne, qu'à Paris, au fond du faubourg Saint-Germain, dans le mois de février 1832.

La chambre de toilette d'Adrienne était une sorte de petit temple qu'on aurait dit élevé au culte de la beauté... par reconnaissance envers Dieu, qui prodigue tant de charmes à la femme, non pour qu'elle les néglige, non pour qu'elle les couvre de cendres, non pour qu'elle les meurtrisse par le contact d'un sordide et rude cilice, mais pour que dans sa fervente gratitude elle les entoure de tout le prestige de la grâce, de toute la splendeur de la parure, afin de glorifier l'œuvre divine aux yeux de tous.

Le jour arrivait dans cette pièce demi-circulaire par une de ces doubles fenêtres formant serre-chaude si heureusement importées d'Allemagne. Les murailles du pavillon construites en pierres de taille fort épaisses rendaient très-profonde la baie de la croisée, qui se fermait au dehors par un châssis fait d'une seule vitre, et au dedans par une grande glace dépolie; dans l'intervalle de trois pieds environ laissé entre ces deux clôtures transparentes on avait placé une caisse, remplie de terre de bruyère, où étaient plantées des lianes grimpantes qui, dirigées autour de la glace dépolie, formaient une épaisse guirlande de feuilles et de fleurs.

Une tenture de damas grenat, nuancé d'arabesques d'un ton plus clair, couvrait les murs; un épais tapis de pareille couleur s'étendait sur le plancher. Ce fond sombre, pour ainsi dire neutre, faisait merveilleusement valoir toutes les nuances des ajustements.

Au-dessous de la fenêtre, exposée au midi, se trouvait la toilette d'Adrienne, véritable chef-d'œuvre d'orfévrerie.

Sur une large tablette de lapis-lazuli on voyait épars des boîtes de vermeil au couvercle précieusement émaillé, des flacons de cristal de roche, et d'autres ustensiles de toilette en nacre, en écaille et en ivoire, incrustés d'ornements en or, d'un goût merveilleux; deux grandes figures d'argent modelées avec une pureté antique supportaient un miroir ovale à pivot, qui avait pour bordure, au lieu d'un cadre curieusement fouillé et ciselé, une fraîche guirlande de fleurs naturelles chaque jour renouvelée comme un bouquet de bal.

Deux énormes vases du Japon, bleus, pourpre et or, de trois pieds de diamètre, placés sur le tapis de chaque côté de la toilette, et remplis de camélias, d'ibiscus et de gardenias en pleine floraison, formaient une sorte de buisson diapré des plus vives couleurs.

Au fond de la chambre, faisant face à la croisée, on voyait, entourée d'une autre masse de fleurs, une réduction en marbre blanc du groupe enchanteur de Daphnis et Chloé, le plus chaste idéal de la grâce pudique et de la beauté juvénile...

Deux lampes d'or, à parfums, brûlaient sur le socle de malachite qui supportait ces deux charmantes figures.

Un grand coffre d'argent niellé, rehaussé de figurines de vermeil et de pierreries de couleur, supporté sur quatre pieds de bronze doré, servait de nécessaire de toilette; deux glaces psyché, décorées de girandoles, quelques excellentes copies de Raphaël et du Titien, peintes par Adrienne, et représentant des portraits d'hommes ou de femmes d'une beauté parfaite; plusieurs consoles de jaspe oriental supportant des aiguières d'argent et de vermeil, couvertes d'ornements repoussés, et remplies d'eaux de senteur; un moelleux divan, quelques siéges et une table de bois doré, complétaient l'ameublement de cette chambre, imprégnée des parfums les plus suaves.

Adrienne, que l'on venait de retirer du bain, était assise devant sa toilette; ses trois femmes l'entouraient.

Par un caprice, ou plutôt par une conséquence logique de son esprit amoureux de la beauté, de l'harmonie de toutes choses, Adrienne avait voulu que les jeunes filles qui la servaient fussent fort jolies et habillées avec une coquetterie, avec une originalité charmante.

On a déjà vu Georgette, blonde piquante, dans son costume agaçant de soubrette de Marivaux; ses deux compagnes ne lui cédaient en rien pour la gentillesse et pour la grâce.

L'une, nommée Florine, grande et svelte fille, à la tournure de Diane chasseresse, était pâle et brune; ses épais cheveux noirs se tordaient en tresses derrière sa tête et s'y attachaient par une longue épingle d'or. Elle avait, comme les autres jeunes filles, les bras nus pour la facilité de son service, et portait une robe de ce *vert-gai* si familier aux peintres vénitiens; sa jupe était très-ample, et son corsage étroit s'échancrait carrément sur les plis d'une gorgerette de batiste blanche plissée à petits plis, et fermée par cinq boutons d'or.

La troisième des femmes d'Adrienne avait une figure si fraîche, si ingénue, une taille si mignonne, si accomplie, que sa maîtresse la nommait *Hébé*; sa robe d'un rose pâle et faite à la grecque découvrait son col charmant et ses jolis bras jusqu'à l'épaule.

La physionomie de ces jeunes filles était riante, heureuse; on ne lisait pas sur leurs traits cette expression d'aigreur sournoise, d'obéissance envieuse, de familiarité choquante, ou de basse déférence, résultats ordinaires de la servitude.

Dans les soins empressés qu'elles donnaient à Adrienne, il semblait y avoir autant d'affection que de respect et d'attrait; elles paraissaient prendre un plaisir extrême à rendre leur maîtresse charmante. On eût dit que l'embellir et la parer était pour elles une *œuvre d'art*, remplie d'agréments, dont elles s'occupaient avec joie, amour et orgueil.

Le soleil éclairait vivement la toilette placée en face de la fenêtre; Adrienne était assise sur un siége à dossier peu élevé; elle portait une longue robe de chambre d'étoffe de soie d'un bleu pâle, brochée d'un feuillage de même couleur, serrée à sa taille, aussi fine que celle d'une enfant de douze ans, par une cordelière flottante; son cou, élégant et svelte comme un col d'oiseau, était nu, ainsi que ses bras et ses épaules, d'une incomparable beauté; malgré la vulgarité de cette comparaison, le plus pur ivoire donnerait seul l'idée de l'éblouissante blancheur de cette peau, satinée, polie, d'un tissu tellement frais et ferme, que quelques gouttes d'eau, restées en suite du bain à la racine des cheveux d'Adrienne, roulèrent dans la ligne serpentine de ses épaules, comme des perles de cristal sur du marbre blanc.

Ce qui doublait encore chez elle l'éclat de cette carnation merveilleuse, particulière aux rousses, c'était le pourpre foncé de ses lèvres humides, le rose transparent de sa petite oreille, de ses narines dilatées et de ses ongles luisants comme s'ils eussent été vernis ; partout enfin où son sang pur, vif et chaud, pouvait colorer l'épiderme, il annonçait la santé, la vie et la jeunesse.

Les yeux d'Adrienne, très-grands et d'un noir velouté, tantôt pétillaient de malice et d'esprit, tantôt s'ouvraient languissants et voilés, entre deux franges de longs cils frisés, d'un noir aussi foncé que celui de ses fins sourcils, très-nettement arqués... car, par un charmant caprice de la nature, elle avait des cils et des sourcils noirs avec des cheveux roux ; son front, petit comme celui des statues grecques, surmontait son visage d'un ovale parfait; son nez, d'une courbe délicate, était légèrement aquilin; l'émail de ses dents étincelait, et sa bouche vermeille, adorablement sensuelle, semblait appeler les doux baisers, les gais sourires et les délectations d'une friandise délicate. On ne pouvait enfin voir un port de tête plus libre, plus fier, plus élégant, grâce à la grande distance qui séparait le cou et l'oreille de l'attache de ses larges épaules à fossettes.

Nous l'avons dit, Adrienne était rousse, mais rousse ainsi que le sont plusieurs des admirables portraits de femmes de Titien ou de Léonard de Vinci... C'est dire que l'or fluide n'offre pas de reflets plus chatoyants, plus lumineux que sa masse de cheveux naturellement ondés, doux et fins comme de la soie, et si longs, si longs... qu'ils touchaient à terre lorsqu'elle était debout, et qu'elle pouvait s'en envelopper comme la Vénus Aphrodite.

A ce moment surtout ils étaient ravissants à voir. Georgette, les bras nus, debout derrière sa maîtresse, avait réuni à grand'peine, dans une de ses petites mains blanches, cette splendide chevelure dont le soleil doublait encore l'ardent éclat...

Lorsque la jolie camériste plongea le peigne d'ivoire au milieu des flots ondoyants et dorés de cet énorme écheveau de soie, on eût dit que mille étincelles en jaillissaient ; la lumière et le soleil jetaient des reflets non moins vermeils sur les grappes de nombreux et légers tire-bouchons, qui, bien écartés du front, tombaient le long des joues d'Adrienne, et dans leur souplesse élastique caressaient la naissance de son sein de neige dont ils suivaient l'ondulation charmante.

Tandis que Georgette, debout, peignait les beaux cheveux de sa maîtresse, Hébé, un genou en terre, et ayant sur l'autre le pied mignon de mademoiselle de Cardoville, s'occupait de la chausser d'un tout petit soulier de satin noir, et croisait ses minces cothurnes sur un bas de soie à jour qui laissait deviner la blancheur rosée de la peau et accusait la cheville la plus fine, la plus déliée qu'on pût voir; Florine, un peu plus en arrière, présentait à sa maîtresse, dans une boîte de vermeil, une pâte parfumée dont Adrienne frotta légèrement ses éblouissantes mains aux doigts effilés qui semblaient teints de carmin à leur extrémité...

Enfin n'oublions pas *Lutine*, qui, couchée sur les genoux de sa maîtresse, ouvrait ses grands yeux de toutes ses forces et semblait suivre les diverses phases de la toilette d'Adrienne avec une sérieuse attention.

Un timbre argentin ayant résonné au dehors, Florine, à un signe de sa maîtresse, sortit et revint bientôt, portant une lettre sur un petit plateau de vermeil.

Adrienne, pendant que ses femmes finissaient de la chausser, de la coiffer et de l'habiller, prit cette lettre, que lui écrivait le régisseur de la terre de Cardoville, et qui était ainsi conçue :

« Mademoiselle,

» Connaissant votre bon cœur et votre gé-
» nérosité, je me permets de m'adresser à
» vous en toute confiance. Pendant vingt ans,
» j'ai servi feu M. le comte-duc de Cardoville,
» votre père, avec zèle et probité ; je crois
» pouvoir le dire... Le château est vendu, de
» sorte que moi et ma femme nous voici à la
» veille d'être renvoyés et de nous trouver
» sans aucune ressource ; et, à notre âge,
» hélas! c'est bien dur, mademoiselle... »

— Pauvres gens... — dit Adrienne en s'interrompant de lire — mon père, en effet, me vantait toujours leur dévouement et leur probité.

Elle continua.

« Il nous resterait bien un moyen de con-
» server notre place ;... mais il s'agirait pour
» nous de faire une bassesse, et, quoi qu'il
» puisse nous arriver, ni moi, ni ma femme
» ne voulons d'un pain acheté à ce prix-là... »

— Bien, bien... toujours les mêmes... — dit Adrienne — la dignité dans la pauvreté... c'est le parfum dans la fleur des prés.

« Pour vous expliquer, mademoiselle, la
» chose indigne que l'on exigerait de nous, je
» dois vous dire d'abord qu'il y a deux jours
» M. Rodin est venu de Paris... »

— Ah ! M. Rodin — dit mademoiselle de Cardoville en s'interrompant de nouveau — le secrétaire de l'abbé d'Aigrigny ?... je ne m'étonne plus s'il s'agit d'une perfidie ou de quelque ténébreuse intrigue. Voyons :

« M. Rodin est venu de Paris pour nous
» annoncer que la terre était vendue, et qu'il
» était certain de nous conserver notre place,

» si nous l'aidions à donner pour confesseur
» à la nouvelle propriétaire un prêtre décrié;
» et si pour mieux arriver à ce but, nous con-
» sentions à calomnier un autre desservant,
» excellent homme, très-respecté, très-aimé
» dans le pays : ce n'est pas tout, je devais se-
» crètement écrire à M. Rodin deux fois par
» semaine tout ce qui se passerait dans le châ-
» teau. Je dois avouer, mademoiselle, que ces
» honteuses propositions ont été autant que
» possible déguisées, dissimulées sous des pré-
» textes assez spécieux ; mais, malgré la forme
» plus ou moins adroite, le fond de la chose est
» tel que j'ai eu l'honneur de vous le dire,
» mademoiselle... »

— Corruption... calomnie et délation ! — se dit Adrienne avec dégoût — je ne puis songer à ces gens-là sans qu'involontairement s'éveillent en moi des idées de ténèbres, de venin et de vilains reptiles noirs... ce qui est en vérité d'un très-hideux aspect. Aussi j'aime mieux songer aux calmes et douces figures de ce pauvre Dupont et de sa femme.

Adrienne continua :

« Vous pensez bien, mademoiselle, que

» nous n'avons pas hésité ; nous quitterons
» Cardoville, où nous sommes depuis vingt
» ans, mais nous le quitterons en honnêtes
» gens... Maintenant, mademoiselle, si parmi
» vos brillantes connaissances vous pouviez,
» vous qui êtes si bonne, nous trouver une
» place, en nous recommandant ; peut-être,
» grâce à vous, mademoiselle, sortirions-nous
» d'un bien cruel embarras... »

— Certainement ce ne sera pas en vain qu'ils se seront adressés à moi... Arracher de braves gens aux griffes de M. Rodin, c'est un devoir et un plaisir; car c'est à la fois chose juste et dangereuse... et j'aime tant braver ce qui est puissant et qui opprime !

Adrienne reprit :

« Après vous avoir parlé de nous, made-
» moiselle, permettez-nous d'implorer votre
» protection pour d'autres, car il serait mal de
» ne songer qu'à soi ; deux bâtiments ont fait
» naufrage sur nos côtes il y a trois jours ;
» quelques passagers ont seulement pu être
» sauvés et conduits ici, où moi et ma femme
» leur avons donné tous les soins nécessaires ;
» plusieurs de ces passagers sont partis pour

» Paris, mais il en est resté un. Jusqu'à pré-
» sent ses blessures l'ont empêché de quitter
» le château et l'y retiendront encore quelques
» jours... C'est un jeune prince indien de
» vingt ans environ et qui paraît aussi bon
» qu'il est beau, ce qui n'est pas peu dire,
» quoiqu'il ait le teint cuivré comme les gens
» de son pays, dit-on. »

— Un prince indien ! de vingt ans ! jeune, bon et beau ! — s'écria gaiement Adrienne — c'est charmant et surtout très-peu vulgaire; ce prince naufragé a déjà toute ma sympathie... mais que puis-je pour cet Adonis des bords du Gange qui vient échouer sur les côtes de Picardie?

Les trois femmes d'Adrienne la regardèrent sans trop d'étonnement, habituées qu'elles étaient aux singularités de son caractère.

Georgette et Hébé se prirent même à sourire discrètement; Florine, la grande belle fille brune et pâle, Florine sourit ainsi que ses jolies compagnes, mais un peu plus tard et pour ainsi dire par réflexion, comme si elle eût été d'abord et surtout occupée d'écouter et de retenir les moindres paroles de sa maîtresse, qui, fort intéressée à l'endroit de l'Adonis des bords du Gange, comme elle le disait, continua la lecture de la lettre du régisseur :

« Un des compatriotes du prince indien, qui
» a voulu rester auprès de lui pour le soigner,
» m'a laissé entendre que le jeune prince avait
» perdu dans le naufrage tout ce qu'il possé-
» dait... et qu'il ne savait comment faire pour
» trouver le moyen d'arriver à Paris, où sa
» prompte présence était indispensable pour
» de grands intérêts :... ce n'est pas du prince
» que je tiens ces détails, il paraît trop digne,
» trop fier pour se plaindre; mais son compa-
» triote, plus communicatif, m'a fait ces con-
» fidences en ajoutant que son jeune compa-
» triote avait éprouvé déjà de grands malheurs,
» et que son père, roi d'un pays de l'Inde,
» avait été dernièrement tué et dépossédé par
» les Anglais... »

— C'est singulier — dit Adrienne en réfléchissant — ces circonstances me rappellent que souvent mon père me parlait d'une de nos parentes qui avait épousé dans l'Inde un roi indien auprès duquel le général Simon qu'on vient de faire maréchal avait pris du service... — puis s'interrompant, elle ajouta en souriant : — Mon Dieu, que ce serait donc bizarre... il n'y a qu'à moi que ces choses-là arrivent, et l'on dit que je suis originale;... ce n'est pas moi, ce me semble, c'est la Providence qui, en vérité, se montre quelquefois très-excentrique. Mais voyons donc si ce pauvre Dupont me dit le nom de ce beau prince...

« Vous excuserez sans doute notre indis-
» crétion, mademoiselle ; mais nous aurions
» cru être bien égoïstes en ne vous parlant
» que de nos peines lorsqu'il y a aussi près
» de nous un brave et digne prince aussi très
» à plaindre... Enfin, mademoiselle, veuillez
» me croire, je suis vieux, j'ai assez d'expé-
» rience des hommes ; eh bien ! rien qu'à voir
» la noblesse et la douceur de la figure de ce
» jeune Indien, je jurerais qu'il est digne de
» l'intérêt que je vous demande pour lui : il
» suffirait de lui envoyer une petite somme
» d'argent pour lui acheter quelques vête-
» ments européens, car il a perdu tous ses
» vêtements indiens dans le naufrage. »

— Ciel ! des vêtements européens... — s'écria gaiement Adrienne. — Pauvre jeune prince, Dieu l'en préserve et moi aussi ! Le hasard m'envoie du fond de l'Inde un mortel assez favorisé pour n'avoir jamais porté cet abominable costume européen, ces hideux habits, ces affreux chapeaux qui rendent les hommes si ridicules, si laids, qu'en vérité il n'y a aucune vertu à les trouver on ne peut moins séduisants... Il m'arrive enfin un beau jeune prince de ce pays d'Orient où les hommes sont vêtus de soie, de mousseline et de cachemire ; certes je ne manquerai pas cette rare et unique occasion d'être très-sérieusement tentée... Ainsi donc, pas d'habits européens, quoi qu'en dise le pauvre Dupont... Mais le nom, le nom de ce cher prince. Encore une fois quelle singulière rencontre, s'il s'agissait de ce cousin d'au delà du Gange ! J'ai entendu dire, dans mon enfance, tant de bien de son royal père que je serais ravie de faire à son fils bon et digne accueil... Mais voyons, voyons le nom...

Adrienne continua :

— « Si en outre de cette petite somme, ma-

» demoiselle, vous pouviez être assez bonne
» pour lui donner le moyen, ainsi qu'à son
» compatriote, de gagner Paris, ce serait un
» grand service à rendre à ce pauvre jeune
» prince déjà si malheureux.

» Enfin, mademoiselle, je connais assez
» votre délicatesse pour savoir que peut-être
» il vous conviendrait d'adresser ce secours au
» prince sans être connue; dans ce cas veuillez,
» je vous en prie, disposer de moi et compter
» sur ma discrétion. Si, au contraire, vous
» désirez le lui faire parvenir directement,
» voici son nom tel que me l'a écrit son com-
» patriote : *Le prince Djalma, fils de Kadja-Sing,*
» *roi de Mundi.* »

— *Djalma...* — dit vivement Adrienne en paraissant rassembler ses souvenirs — *Kadja-Sing...* oui... c'est cela... voici bien les noms que mon père m'a souvent répétés... en me disant qu'il n'y avait rien de plus chevaleresque, de plus héroïque au monde que ce vieux roi indien, notre parent par alliance... Le fils n'a pas dérogé, à ce qu'il paraît. Oui, *Djalma... Kadja-Sing,* encore une fois, c'est cela, ces noms ne sont pas si communs — dit-elle en souriant — qu'on puisse les oublier ou les confondre avec d'autres... Ainsi Djalma est mon cousin. Il est brave et bon, jeune et charmant... Il n'a surtout jamais porté l'affreux habit européen... et il est dénué de toutes ressources ! C'est ravissant... c'est trop de bonheur à la fois... Vite... vite... improvisons un joli conte de fées... dont ce beau *prince chéri* sera le héros... Pauvre oiseau d'or et d'azur égaré dans nos tristes climats ! qu'il trouve au moins ici quelque chose qui lui rappelle son pays de lumière et de parfums. — Puis s'adressant à une de ses femmes :

— Georgette, prends du papier ; et écris, mon enfant...

La jeune fille alla vers la table de bois doré où se trouvait un petit nécessaire à écrire, s'assit et dit à sa maîtresse :

— J'attends les ordres de mademoiselle...

Adrienne de Cardoville, dont le charmant visage rayonnait de joie, de bonheur et de gaieté, dicta le billet suivant adressé à un bon vieux peintre qui lui avait long-temps enseigné le dessin et la peinture, car elle excellait dans cet art comme dans tous les autres :

« Mon cher Titien, mon bon Véronèse,
» mon digne Raphaël... vous allez me rendre
» un très-grand service, et vous le ferez, j'en
» suis sûre, avec cette parfaite obligeance que
» j'ai toujours trouvée en vous...

» Vous allez tout de suite vous entendre
» avec le savant artiste qui a dessiné mes der-
» niers costumes du quinzième siècle. Il s'agit
» cette fois de costumes indiens modernes
» pour un jeune homme... Oui, monsieur,
» pour un jeune homme... Et, d'après ce que
» j'en imagine, vous pourrez faire prendre
» mesure sur l'Antinoüs ou plutôt sur le Bac-
» chus indien, ce sera plus à propos...

» Il faut que ces vêtements soient à la fois
» d'une grande exactitude, d'une grande ri-
» chesse et d'une grande élégance ; vous choi-
» sirez les plus belles étoffes possibles, tâchez
» surtout qu'elles se rapprochent des tissus
» de l'Inde : vous y ajouterez pour ceintures et
» pour turbans six magnifiques châles de ca-
» chemire longs, dont deux blancs, deux

» rouges et deux orange; rien ne sied mieux
» aux teints bruns que ces couleurs-là.

» Ceci fait (et je vous donne tout au plus
» deux ou trois jours), vous partirez en poste
» dans ma berline pour le château de Cardo-
» ville que vous connaissez bien ; le régisseur,
» l'excellent Dupont, un de vos anciens amis,
» vous conduira auprès d'un jeune prince
» indien nommé Djalma ; vous direz à ce haut
» et puissant seigneur d'un autre monde, que
» vous venez de la part d'un *ami* inconnu,
» qui, agissant en frère, lui envoie ce qui lui
» est nécessaire pour échapper aux affreuses
» modes d'Europe... Vous ajouterez que cet
» ami l'attend avec tant d'impatience, qu'il le
» conjure de venir tout de suite à Paris : si
» mon protégé objecte qu'il est souffrant, vous
» lui direz que ma voiture est une excellente
» dormeuse ; vous y ferez établir le lit qu'elle
» renferme, et il s'y trouvera très-commodé-
» ment. Il est bien entendu que vous excu-
» serez très-humblement l'ami inconnu de
» ce qu'il n'envoie au prince ni riches pa-
» lanquins, ni même, modestement, un élé-
» phant, car, hélas ! il n'y a de palanquins

» qu'à l'Opéra.et d'éléphants qu'à la Ména-
» gerie : ce qui nous fera paraître étrange-
» ment sauvages aux yeux de mon protégé...

» Dès que vous l'aurez décidé à partir, vous
» vous remettrez rapidement en route, et vous
» m'amènerez ici, dans mon pavillon, rue de
» Babylone (quelle prédestination de demeu-
» rer rue de BABYLONE... voilà du moins un
» nom qui a bon air pour un Oriental), vous
» m'amènerez, dis-je, ici ce cher prince, qui a
» le bonheur d'être né dans le pays des fleurs,
» des diamants et du soleil.

» Vous aurez surtout la complaisance, mon
» bon et vieil ami, de ne pas vous étonner de
» ce nouveau caprice, et de ne vous livrer sur-
» tout à aucune conjecture extravagante....
» Sérieusement, le choix que je fais de vous
» dans cette circonstance... de vous que j'aime,
» que j'honore sincèrement, vous dit assez
» qu'au fond de tout ceci il y a autre chose
» qu'une apparente folie... »

En dictant ces derniers mots, le ton d'A-
drienne fut aussi sérieux, aussi digne, qu'il
avait été jusqu'alors plaisant et enjoué.

Mais bientôt elle reprit plus gaiement :

« Adieu, mon vieil ami; je suis un peu
» comme ce capitaine des temps anciens dont
» vous m'avez fait tant de fois dessiner le nez
» héroïque et le menton conquérant, je plai-
» sante avec une extrême liberté d'esprit au
» moment de la bataille; oui, car dans une
» heure, je livre une bataille, une grande ba-
» taille à ma chère dévote de tante. Heureu-
» sement l'audace et le courage ne me man-
» quent pas, et je grille d'engager l'action avec
» cette austère princesse.

» Adieu, mille bons souvenirs de cœur à
» votre excellente femme. Si je parle d'elle
» ici, entendez-vous, d'elle si justement res-
» pectée, c'est pour vous rassurer encore sur
» les suites de cet *enlèvement* à mon profit
» d'un charmant jeune prince; car il faut bien
» finir par où j'aurais dû commencer, et vous
» avouer qu'il est charmant.

» Encore adieu... »

Puis s'adressant à Georgette :

— As-tu écrit, petite?

— Oui, mademoiselle...

— Ah!... ajouté en post-scriptum :

« — Je vous envoie un crédit à vue sur
» mon banquier pour toutes ces dépenses;
» ne ménagez rien... vous savez que je suis
» assez *grand seigneur*... (il faut bien me servir
» de cette expression masculine, puisque
» vous vous êtes exclusivement approprié,
» tyrans que vous êtes, ce terme significatif
» d'une noble générosité). »

— Maintenant, Georgette — dit Adrienne
— apporte-moi une feuille de papier; et cette
lettre, que je la signe.

Mademoiselle de Cardoville prit la plume
que lui présentait Georgette, signa la lettre et
y renferma un bon sur son banquier, ainsi
conçu :

« — On payera à M. Norval, sur son reçu,
» la somme qu'il demandera pour dépenses
» faites en mon nom.

» ADRIENNE DE CARDOVILLE. »

Pendant toute cette scène, et durant que
Georgette écrivait, Florine et Hébé avaient
continué de s'occuper des soins de la toilette
de leur maîtresse, qui avait quitté sa robe de

chambre et s'était habillée afin de se rendre auprès de sa tante.

À l'attention soutenue, opiniâtre, quoique dissimulée, avec laquelle Florine avait écouté Adrienne dicter sa lettre à M. Norval, on voyait facilement que, selon son habitude, elle tâchait de retenir les moindres paroles de mademoiselle de Cardoville.

— Petite — dit celle-ci à Hébé — tu vas à l'instant envoyer cette lettre chez M. Norval.

Le même timbre argentin sonna au dehors.

Hébé se dirigeait vers la porte pour aller savoir ce que c'était, et exécuter les ordres de sa maîtresse; mais Florine se précipita pour ainsi dire au-devant d'elle pour sortir à sa place, et dit à Adrienne :

— Mademoiselle veut-elle que je fasse porter cette lettre ? j'ai besoin d'aller au grand hôtel.

— Alors, vas-y, toi ; Hébé, vois ce qu'on veut ; et toi, Georgette, cachète cette lettre...

Au bout d'un instant, pendant lequel Georgette cacheta la lettre, Hébé revint.

— Mademoiselle — dit-elle en rentrant — cet ouvrier qui a retrouvé Lutine hier, vous supplie de le recevoir un instant ;... il est très-pâle... et il a l'air bien triste...

— Aurait-il déjà besoin de moi ?... Ce serait trop heureux — dit gaiement Adrienne. — Fais entrer ce brave et honnête garçon dans le petit salon... et toi, Florine... envoie cette lettre à l'instant.

Florine sortit.

Mademoiselle de Cardoville, suivie de *Lutine*, entra dans le petit salon, où l'attendait Agricol.

FIN DU DEUXIÈME VOLUME.

TABLE DES CHAPITRES.

Chap. Ier. L'ajoupa. 1
    II. Le tatouage 17
    III. Le contrebandier. 27
    IV. Josué Van-Daël 43
    V. Les ruines de Tchandi. 59
    VI. L'embuscade 80
    VII. M. Rodin 103
    VIII. La tempête 137
    IX. Les naufrages. 151
    X. Le départ pour Paris. 175
    XI. La femme de Dagobert 197
    XII. La sœur de la reine Bacchanal. . 211
    XIII. Agricol Baudoin 231
    XIV. Le retour. 259
    XV. Agricol et la Mayeux 283
    XVI. Le réveil. 301
    XVII. Le pavillon 331
    XVIII. La toilette d'Adrienne 347

CATALOGUE
DE LA LIBRAIRIE PAULIN,

RUE RICHELIEU, 60.

Pour paraître au mois de Novembre prochain.

HISTOIRE DU CONSULAT ET DE L'EMPIRE,

Par M. A. THIERS, faisant suite à l'*Histoire de la Révolution française*.

L'*Histoire du Consulat et de l'Empire* en 10 volumes, in-8, paraîtra par livraison d'un volume de mois en mois. — On souscrit, dès à présent, chez l'Éditeur, rue Richelieu, 60, et chez tous les Libraires de Paris, des départements et de l'étranger.

ATLAS de l'*Histoire du Consulat et de l'Empire*, dressé sous la direction de M. A. THIERS, dessiné par M. Dufour, et gravé par M. Dyonnet. — 45 Cartes sur papier fort, coloriées avec soin.

L'*Atlas* sera publié par livraisons de quatre ou cinq cartes, en même temps que l'*Histoire du Consulat et de l'Empire*.

Pour paraître en 1845.

HISTOIRE DE LA RÉFORMATION, DE LA LIGUE ET DU RÈGNE DE HENRY IV,

Par M. MIGNET, de l'Institut, secrétaire perpétuel de l'Académie des sciences morales et politiques, membre de l'Académie française. 10 vol. in-8.

En Souscription.

LE JUIF ERRANT,

Par M. Eugène SUE. 10 volumes in-8. Prix du volume : 7 fr. 50 cent.

En préparation : Une magnifique édition du **JUIF ERRANT**, illustrée par M. Gavarni.

BIBLIOTHÈQUE DE POCHE,

Variétés curieuses des Sciences, des Arts, de l'Histoire, de la Littérature ; par une société de gens de lettres et d'érudits. 10 vol. in-18. — Chaque volume contenant la matière de deux volumes in-8 ordinaires. Prix : 3 fr. le volume.

1. Curiosités littéraires. 1 vol.
2. — biographiques. 1 vol.
3. — historiques. 1 vol.
4. — des origines et inventions curieuses. 1 vol.
5. — Traditions, légendes, usages, fêtes, etc. 1 vol.
6. Curiosités militaires. 1 vol.
7. — des beaux-arts et de l'archéologie. 1 v.
8. — proverbiales et étymologiques. 1 vol.
9. — des langues, des mœurs, des voyages, etc. 1 vol.
10. — anecdotiques. 1 vol.

Plusieurs érudits et gens de lettres livrés à des travaux et à des études qui exigent des lectures aussi étendues que variées, frappés du nombre de faits curieux répandus dans les livres peu consultés aujourd'hui, ont eu la pensée de mettre en commun le résultat des découvertes de ce genre qu'ils pourraient faire dans le cours de leurs lectures. Telle est l'origine de ce Recueil qui, formé depuis longtemps, sans autre intention d'abord que l'amusement et l'instruction des associés, a été regardé comme assez intéressant pour donner lieu à une publication que, sans aucun doute, le public accueillera avec plaisir. L'idée de ce recueil n'est pas tout à fait nouvelle. Il a paru au siècle dernier un assez grand nombre d'ouvrages analogues, mais dont la forme diffère complètement de notre recueil. Tels sont les *Singularités historiques et littéraires* de dom Liron, les *Récréations historiques* de Dreux du Radier, les *Mélanges tirés d'une grande Bibliothèque*, volumineuse et informe collection, peu estimée du reste, les *Aménités littéraires* de Chemel, et cette nombreuse série de *variétés historiques, littéraires, amusantes, galantes, ingénieuses*, etc. ; d'*amusements historiques, philologiques, littéraires, philosophiques*, etc. Ces ouvrages ont été consultés, et on y a joint le dépouillement de toutes les grandes collections historiques, biographiques, qui ont été publiées depuis le siècle dernier en France et à l'étranger, les faits curieux et authentiques signalés par la presse périodique depuis cette époque, la lecture des mémoires, des voyages, etc. On a pu ajouter ainsi facilement à la masse d'instruction recueillie par nos devanciers un contingent d'informations curieuses dont l'objet est de faire profiter des études de nos auteurs les lecteurs occupés d'autres soins et d'autres travaux.

La classification de notre recueil présente un avantage sur les ouvrages du même genre qui nous ont précédés ; pour ne point parler de la confusion qui naît de l'entassement des matières sans distinction de genre, l'ordre que nous suivons permettra surtout à chacun de faire son choix et d'acheter les parties de l'ouvrage qui s'adressent d'une manière plus particulière à son goût, à son genre d'idées et à ses études.

Nous avons adopté le titre : *Bibliothèque de poche*, pour indiquer que le sujet de ces volumes, composés d'une foule de notions, de vues, de récits et de faits variés exprimés sous une forme brève, succincte et souvent anecdotique, est approprié surtout à ce genre de lecture qui ne demande pas le repos du cabinet, mais qui s'accommode de la promenade, du voyage et de ces courts instants qu'on perd si souvent dans l'attente, et dans les intervalles des occupations journalières.

Nous avons approprié également le format de notre collection à sa destination. Il y a longtemps qu'on parle d'éditions portatives ; mais combien peu ont songé à mériter leur nom ! Le format trop petit exige des caractères illisibles ; le format plus grand se porte à la main, il est vrai, mais ne peut se mettre commodément dans la poche ; nous insistons sur ce dernier mot ; car notre format réunit les deux avantages et répond aux deux objections.

Ainsi nous comprendrons en dix volumes les *Variétés curieuses* que nous annonçons, classées sous les titres indiqués ci-dessus.

Le tome I, CURIOSITÉS LITTÉRAIRES, paraîtra le 20 août : les volumes suivants se succéderont de mois en mois.

COURS COMPLET DE MÉTÉOROLOGIE; par L.-F. Kaemtz, professeur à l'Université de Halle, traduit et annoté par Ch. Martins, docteur ès sciences et professeur agrégé à la Faculté de médecine de Paris; ouvrage complété de tous les travaux des météorologistes français. 1 vol. in-12, format du *Million de faits*, avec des gravures, des tableaux, etc. 8 fr.

MANUEL DE L'HISTOIRE DE L'ARCHITECTURE chez tous les peuples, et particulièrement de l'architecture en France au moyen âge, avec 200 gravures dans le texte; par Daniel Ramée. 2 vol. 10 fr. 50

ITINÉRAIRE DESCRIPTIF et historique de la Suisse, du Jura français, de Baden-Baden et de la Forêt-Noire, de la Chartreuse de Grenoble et des eaux d'Aix, du Mont-Blanc, de la vallée de Chamouny, du grand Saint-Bernard et du Mont-Rose; avec une carte routière imprimée sur toile, les armes de la Confédération suisse et des vingt-deux cantons, et deux grandes vues de la chaîne du Mont-Blanc et des Alpes bernoises; par Adolphe Joanne. 1 vol. in-18 contenant la matière de cinq volumes in-8 ordinaires. Prix, broché : 10 fr. 50 c. Relié. 12 fr.

Collection à 3 fr. 50 c. le volume.

HISTOIRE GÉNÉRALE DES VOYAGES DE DÉCOUVERTES MARITIMES ET CONTINENTALES, depuis les temps les plus reculés jusqu'en 1841; par W. Desborough Cooley; traduite de l'anglais par Ad. Joanne et Old Nick, complétée pour les expéditions et voyages jusques y compris la dernière expédition de M. Dumont d'Urville, par M. d'Avezac. 3 vol. in-18, format anglais, 3 fr. 50 c. le volume. L'ouvrage complet. 10 fr. 50

MANUEL DE POLITIQUE, ouvrage dédié à l'Académie des sciences morales et politiques; par V. Guichard. 1 vol. 3 fr. 50

MANUEL D'HISTOIRE ANCIENNE, depuis le commencement du monde jusqu'à Jésus-Christ; par le docteur Ott. 1 vol. 3 fr. 50

MANUEL D'HISTOIRE MODERNE, depuis Jésus-Christ jusqu'à nos jours; par le docteur Ott. 1 vol. 3 fr. 50

MANUEL D'HISTOIRE DE LA PHILOSOPHIE ANCIENNE, par M. Renouvier. 2 vol. 7 fr.

MANUEL D'HISTOIRE DE LA PHILOSOPHIE MODERNE, par M. Renouvier. 1 vol. 3 fr. 50

L'ÉDUCATION PROGRESSIVE, ou Étude du Cours de la vie; par madame Necker de Saussure, précédée d'une Notice sur la vie et les écrits de l'auteur. 2 vol. 7 fr.

DISCOURS SUR L'ÉTUDE DE LA PHILOSOPHIE NATURELLE, ou Exposé de l'histoire, des procédés et des progrès des sciences naturelles; par sir John F. W. Herschell, traduit de l'anglais. 1 vol. 3 fr. 50

LES MUSÉES D'ITALIE, guide et mémento de l'artiste et du voyageur; par Louis Viardot. 1 vol. 3 fr. 50

LES MUSÉES D'ESPAGNE, D'ANGLETERRE ET DE BELGIQUE; par Louis Viardot, pour faire suite aux Musées d'Italie, par le même. 1 vol. 3 fr. 50

LES MUSÉES D'ALLEMAGNE ET DE RUSSIE; par le même. 1 vol. 3 fr. 50

LE LIVRE DES PROVERBES FRANÇAIS, leur origine, leur acception, anecdotes relatives à leur application, etc.; par Le Roux de Lincy; précédé d'un *Essai sur la philosophie de Sancho Pança*; par Ferd. Denis. 2 vol. 7 fr.

MŒURS, INSTINCT ET SINGULARITÉS de la vie des animaux mammifères; par P. Lesson, correspondant de l'Institut (Académie des sciences). 1 vol. 3 fr. 50

FABLES; par M. Viennet, de l'Académie française. 1 vol. 3 fr. 50

GÉNIE DU XIXᵉ SIÈCLE, ou Esquisse des progrès de l'esprit humain, depuis 1800 jusqu'à nos jours; par Édouard Alletz. 1 vol. 3 fr. 50

DES ÉLÉMENTS DE L'ÉTAT, ou Cinq questions concernant la religion, la philosophie, la morale, l'art et la politique; par E.-A. Segretain. 2 vol. 7 fr.

NAPOLÉON APOCRYPHE, 1812-1832, histoire de la conquête du monde et de la monarchie universelle; par Louis Geoffroy. 1 vol. 3 fr. 50

CHEFS-D'ŒUVRE POÉTIQUES DES DAMES FRANÇAISES, depuis le treizième siècle jusqu'au dix-neuvième. 1 vol. 3 fr. 50

HISTOIRE DE LA TOUR D'AUVERGNE, premier grenadier de France, rédigée d'après sa correspondance, ses papiers de famille, et les documents les plus authentiques; par M. Buhot de Kersers. 1 vol. 3 fr. 50

LE HACHYCH. 1 vol. 3 fr. 50

Utopie philosophique, sociale et politique. L'auteur est un savant célèbre.

JÉROME PATUROT à la recherche d'une position sociale. 4ᵉ édition; par Louis Reybaud. 1 vol. 3 fr. 50

HOMÈRE (l'Iliade et l'Odyssée), traduction nouvelle; par P. Giguet. 2 vol. 7 fr.

HISTOIRE DE LA POÉSIE FRANÇAISE à l'époque impériale; par B. Jullien. 2 vol. 7 fr.

M. Flourens,

Secrétaire perpétuel de l'Académie des sciences, membre de l'Académie française, professeur de physiologie comparée au Museum d'histoire naturelle.

BUFFON. Histoire de ses travaux et de ses idées; par M. Flourens. 1 vol. in-18. 3 fr. 50

GEORGES CUVIER. Analyse raisonnée de ses travaux, précédée de son éloge historique; par M. Flourens. 1 vol. 3 fr. 50

EXAMEN DE LA PHRÉNOLOGIE; par M. Flourens. 1 vol. 2 fr.

RÉSUMÉ ANALYTIQUE des observations de Frédéric Cuvier sur l'instinct et l'intelligence des animaux; par M. Flourens. 1 vol. 3 fr.

LES CONSTITUTIONS DES JÉSUITES AVEC LES DÉCLARATIONS; texte latin, d'après l'édition de Prague. Traduction nouvelle. 1 vol.   3 fr. 50
LES JÉSUITES ET L'UNIVERSITÉ; par M. F..Génin. 2ᵉ édit. 1 vol. in-18.   3 fr. 50
LES JÉSUITES; par MM. Michelet et Quinet, professeurs au Collège de France. 6ᵉ édition. 1 vol. in-18.   2 fr.
LETTRES SUR LE CLERGÉ ET SUR LA LIBERTÉ D'ENSEIGNEMENT; par M. Libri, membre de l'Institut. 1 vol. in-8.   4 fr.
L'ULTRAMONTANISME, OU L'ÉGLISE ROMAINE ET LA SOCIÉTÉ MODERNE; par E. Quinet. 1 vol. in-8. Prix : 4 fr. 50 cent.; par la poste.   3 fr. 50
LES ACTES DES APOTRES. 12 petits volumes à 1 fr.

Il paraît un volume par mois. Les actes des apôtres sont une revue des actes qui touchent à la polémique entre le clergé et l'université. Les apôtres sont les jésuites.

LA MONACHOLOGIE, histoire naturelle du genre *Monachus*, classé suivant la méthode de Linné. — Un petit volume en latin et en français, orné de gravures.   1 fr.

Petit pamphlet très-spirituel.

GRANDE CHRONIQUE DE MATTHIEU PARIS, traduite en français par M. Huillard-Bréholles, accompagnée de notes, et précédée d'une Introduction par M. le duc de Luynes, membre de l'Institut. 9 vol. in-8.
MÉLANGES PHILOSOPHIQUES, LITTÉRAIRES, HISTORIQUES ET RELIGIEUX; par M. P.-A. Stapfer; précédés d'une Notice sur l'auteur, par M. A. Vinet. 2 vol. in-8.   15 fr.
NOTICES ET MÉMOIRES HISTORIQUES; par M. Mignet, secrétaire perpétuel de l'Académie des sciences morales et politiques, membre de l'Académie française, etc. 2 vol. in-8.   15 fr.
HISTOIRE DE MALTE, depuis les temps les plus reculés jusqu'à l'époque actuelle; par M. Miège, ancien consul de France, avec plan et carte géographique. 3 forts vol. in-8.   22 fr. 50
HISTOIRE D'ANGLETERRE depuis les temps les plus reculés; par M. A. Roche. Ouvrage approuvé par le conseil royal de l'instruction publique. 2 vol. in-8.   12 fr.
HISTOIRE D'ALGER et de la piraterie des Turcs dans la Méditerranée; par M. Ch. de Rotalier. 2 vol. in-8.   15 fr.
HISTOIRE DES ÉTATS GÉNÉRAUX et des Institutions représentatives en France, depuis l'origine de la monarchie jusqu'à 1789; par M. A.-C. Thibaudeau. 2 vol. in-8.   15 fr.
HISTOIRE DE LA CONTRE-RÉVOLUTION EN ANGLETERRE sous Charles II et Jacques II; par Armand Carrel. 1 vol. in-8.   7 fr. 50
HISTOIRE DE SAINT LOUIS, roi de France; par M. le marquis de Villeneuve-Trans, membre de l'Institut. 3 gros vol. in-8.   22 fr. 50
HISTOIRE DE RENÉ D'ANJOU; par le même. 3 vol. in-8, avec gravures.   22 fr. 50
HISTOIRE DES ARABES ET DES MORES D'ESPAGNE; par Louis Viardot. 2 vol. in-8.   12 fr.
SCÈNES DE MŒURS ARABES (Espagne, 10ᵉ siècle); par Louis Viardot. 1 vol. in-8.   6 fr.
ÉTUDES SUR L'HISTOIRE, DES INSTITUTIONS, DE LA LITTÉRATURE ET DU THÉATRE, DES BEAUX-ARTS EN ESPAGNE; par Louis Viardot. 1 vol. in-8.   7 fr. 50
PRÉCIS DE L'HISTOIRE DE L'HINDOUSTAN, contenant l'établissement de l'empire mogol, ses progrès et sa décadence; l'invasion et les établissements successifs des Européens; la coalition des princes de l'Afganistan contre les Anglais; l'examen des diverses religions établies chez les Hindous ainsi qu'un tableau de leurs lois primitives, de leurs mœurs, usages et coutumes, et un résumé des lois qui régissent les établissements français; par L.-M.-C. Pasquier, ancien magistrat à Pondichéry. 1 vol. in-8.   7 fr. 50
LA FRANCE AVANT LA RÉVOLUTION, son état politique et social en 1788, à l'ouverture de l'assemblée des notables, et son histoire depuis cette époque jusqu'aux états généraux; par M. Raudot, ancien magistrat. In-8.
DE LA POLITIQUE EXTÉRIEURE ET INTÉRIEURE DE LA FRANCE; par M. Duvergier de Hauranne, membre de la chambre des députés. 1 vol. in-8.   6 fr.
DU DÉCLIN DE LA FRANCE ET DE L'ÉGAREMENT DE SA POLITIQUE; par M. d'H..... 1 vol. in-8.   4 fr.
RÉSURRECTION, ou application du christianisme à la science et à la société; par Charles Stoffels. 1 vol. in-8.   7 fr. 50
ÉTAT DE LA QUESTION D'AFRIQUE. Réponse à la brochure de M. le général Bugeaud, intitulée : *l'Algérie*; par Gustave de Beaumont, membre de la chambre des députés. In-8.   4 fr. 50
DE L'INTERVENTION DU POUVOIR DANS LES ÉLECTIONS; par le même. in-8. 1 fr. 50
HISTOIRE DES ENFANTS TROUVÉS; par J.-F. Terme, chevalier de la Légion d'honneur, président de l'administration des hôpitaux de Lyon, membre du conseil général du Rhône et du conseil municipal, etc.; et J.-B. Montfalcon, chevalier de la Légion d'honneur, médecin des conseils de salubrité de Lyon et du département du Rhône, etc. Ouvrage auquel l'Académie française a décerné un prix Montyon. 2ᵉ édition, revue, corrigée et augmentée. 1 vol. in-8.   7 fr. 50
MISÈRE (DE LA) DES CLASSES LABORIEUSES EN ANGLETERRE ET EN FRANCE; de la nature de la misère, de son existence, de ses effets, de ses causes et de l'insuffisance des remèdes qu'on lui a opposés jusqu'ici, avec l'indication des moyens propres à en affranchir les sociétés; par Eugène Buret. 2 vol. in-8.   15 fr.
TABLEAU DE LA DETTE PUBLIQUE ET DES MISÈRES DU TRÉSOR. 1 vol. in-8.   5 fr.
COMPARAISON DES BUDGETS DE 1830 ET DE 1843. Épître à M. le ministre des finances; par Jean Le Rond. In-8.   2 fr.

L'UTOPIE DE THOMAS MORUS, traduite en français par V. Stouvenel, avec une Introduction et des Notes du traducteur. 1 vol. in-8. 15 fr.

EXAMEN HISTORIQUE ET CRITIQUE DES DIVERSES THÉORIES PÉNITENTIAIRES, ramenées à une unité de système applicable à la France ; par L.-A.-A. Marquet-Vasselot, chevalier de l'ordre royal de la Légion d'honneur. 3 vol. in-8. 18 fr.

DE L'UNION DOUANIÈRE DE LA FRANCE ET DE LA BELGIQUE ; par M. P.-A. de la Nourais. 1 vol. in-8. 6 fr.

L'UNION DU MIDI, association de Douanes entre la France, la Belgique, la Suisse et l'Espagne, avec une Introduction sur l'union commerciale de la France et de la Belgique ; par Léon Faucher. 1 vol. in-8. 5 fr.

L'ASSOCIATION DES DOUANES ALLEMANDES, son passé, son avenir ; ouvrage augmenté du tableau des tarifs comparés de l'association allemande et de ceux des douanes françaises, et de trois cartes indiquant l'état de l'Allemagne avant et après l'association et celui de l'Europe sous le système des unions douanières ; par MM. P.-A. de La Nourais et E. Beres. 1 vol. in-8. 5 fr.

DU MONOPOLE DES PROFESSIONS LUCRATIVES EN FRANCE, ou du privilége et de la vénalité des offices, et de leur suppression moyennant indemnité ; par Morel-Fatio, électeur du deuxième arrondissement. Brochure in-8. 1 fr. 50

DISCOURS ET OPINIONS DE CASIMIR PÉRIER, publiés par sa famille, recueillis et mis en ordre par M. A. Lesieur, chef de bureau au ministère de l'instruction publique, et précédés d'une notice historique ; par M. Charles de Rémusat, membre de la chambre des députés. 4 vol. in-8. 30 fr.

CHRONOGRAPHIE, ou Description des temps, contenant toute la suite des souverains des divers peuples, des principaux événements de chaque siècle ; et les grands hommes qui ont vécu depuis la création du monde jusqu'au dix-neuvième siècle ; par Barbeu-Dubour. Nouvelle édition, contenant des additions importantes, augmentée d'une table des matières par ordre alphabétique et d'un Essai de statistique royale, par un ancien élève de l'école polytechnique. 1 vol. in-folio, relié. 25 fr.

L'URNE, recueil des travaux de J. Ottavi : philosophie, politique, histoire, biographie, littérature, critique littéraire, beaux-arts, instruction publique, économie politique, variétés, etc., avec une biographie de l'auteur, par Léon Gozlan. 1 gros vol. in-8. 7 fr.

NAPOLÉON. Ses opinions et jugements sur les hommes et sur les choses, recueillis par ordre alphabétique, avec une Introduction et des Notes, par M. Damas-Hinard. 2 vol. in-8. 10 fr.

NOTICES SUR LES PRINCIPAUX PEINTRES DE L'ESPAGNE ; par Louis Viardot. 1 vol. grand in-8. 8 fr.

HISTOIRE PHILOSOPHIQUE DES PROGRÈS DE LA ZOOLOGIE GÉNÉRALE, depuis l'antiquité jusqu'à nos jours ; par Victor Meunier, professeur d'anatomie et de physiologie comparée. In-8. 7 fr. 50

PHILOSOPHIE RÉCLAMÉE PAR LES BESOINS DE NOTRE ÉPOQUE ; par le baron Massias. In-8. 1 fr.

ORIGINES (DES) TRADITIONNELLES DE LA PEINTURE EN ITALIE ; par Louis Viardot. In-8. 1 fr.

1815 ET 1840 ; par E. Quinet. 2ᵉ édition, augmentée d'une Préface. 50 c.

AVERTISSEMENT AU PAYS ; par Quinet. 2ᵉ édition. 50 c.

RAPPORT fait au nom de la commission chargée de l'examen du projet de loi tendant à ouvrir un crédit de 140 millions pour les fortifications de la ville de Paris ; par M. Thiers, député des Bouches-du-Rhône ; accompagné de pièces et documents relatifs aux dépenses des travaux et de l'approvisionnement de Paris, etc. 50 c.

JÉROME PATUROT à la recherche d'une position sociale et politique. 3 vol. in-8. 22 fr. 50

Encyclopédiana.

RECUEIL D'ANECDOTES ANCIENNES, MODERNES ET CONTEMPORAINES ; tiré :
1. De tous les recueils de ce genre publiés jusqu'à ce jour.
2. De tous les livres rares et curieux touchant les mœurs et les usages des peuples ou la vie des hommes illustres.
3. Des relations de voyages et des mémoires historiques.
4. Des ouvrages des grands écrivains.
5. De manuscrits inédits, etc., etc.

Pensées, maximes, sentences, adages, préceptes, jugements, etc. ; anecdotes et traits de courage, de bonté, d'esprit, de sottise, de naïveté, etc. ; saillies, reparties, épigrammes, bons mots, etc. 1 vol grand in-8. 10 fr.

IMPRESSIONS DE VOYAGE DE MONSIEUR BONIFACE, ex-réfractaire de la quatrième, du cinquième, de la dixième. Ses excursions sur terre et sur mer, sur la tête et sur le nez ; le tout mêlé de bosses, et coloré de bleus et noirs, album comique par Cham. 1 vol. oblong, cartonné à l'anglaise. 5 fr.

Imprimerie Schneider et Langrand, rue d'Erfurth, 1.

CATALOGUE DES LIVRES

PUBLIÉS PAR

J.-J. DUBOCHET ET COMPIE,

ÉDITEURS,

RUE RICHELIEU, 60. — PARIS.

VOYAGES EN ZIGZAG

Ou Excursions d'un pensionnat en vacances dans les cantons suisses et sur le revers italien des Alpes; par *R. Topffer*; illustrés d'après les dessins de l'auteur, et de **15** grands dessins par *M. Calame*. **53** livraisons à **30** centimes. — **16** francs l'ouvrage complet.

LE JARDIN DES PLANTES

Description des Mammifères de la Ménagerie et du Muséum d'Histoire naturelle, par *M. Boitard*. — Cet ouvrage est illustré et accompagné de **110** sujets d'histoire naturelle, de **110** culs-de-lampe gravés sur cuivre et imprimés dans le texte; de **53** grands sujets gravés sur bois et imprimés à part à cause de leur dimension, et offrant les vues les plus remarquables du Jardin des Plantes, les constructions, les fabriques, les monuments, etc.; des portraits de Buffon et de G. Cuvier; enfin de planches peintes à l'aquarelle, représentant des groupes d'oiseaux des deux hémisphères. Dessinateurs, MM. *Werner, Susemihl, Edouard Traviès, Karl Girardet, Jules David, François, Himely, Marville, etc.*; gravures sur bois et sur cuivre, par MM. *Andrew, Best et Leloir*; planches sur acier par MM. *Fournier et Annedouche*. — Volume grand in-8, magnifiquement imprimé. — L'ouvrage complet, 16 fr.

Le même ouvrage

Avec tous les sujets et culs-de-lampe dans le texte coloriés. — **64** livraisons à **50** centimes.

DON QUICHOTTE DE LA MANCHE

Traduction nouvelle, précédée d'une Notice sur la Vie et les Ouvrages de l'auteur, par *Louis Viardot*, orné de **800** dessins par *Tony Johannot*, et d'une carte géographique des voyages et aventures de Don Quichotte. — 2 volumes grand in-8 jésus. — Prix : **30** francs.

Le même ouvrage

Publié en **100** livraisons à **20** centimes, formant un grand volume in-8.

LES ŒUVRES COMPLÈTES DE MOLIÈRE

Précédées d'une Notice sur la Vie et les Ouvrages de l'auteur, par *M. Sainte-Beuve*; avec **800** dessins par *Tony Johannot*. — Un seul volume grand in-8 jésus vélin. — **20** fr.

Le même ouvrage

Édition princeps en **2** volumes. — Prix : **30** francs.

LES FABLES DE FLORIAN

Ornées de **80** grandes gravures tirées à part du texte et de **25** vignettes et fleurons dans le texte, par *J.-J. Grandville*. — Un charmant volume in-8. — Prix : **12** francs **50** centimes.

HISTOIRE DE L'EMPEREUR NAPOLÉON

Par *Laurent (de l'Ardèche)*; avec **500** dessins par *Horace Vernet*, gravés sur bois et imprimés dans le texte. Nouvelle et magnifique édition augmentée de gravures coloriées représentant les types de tous les corps et les uniformes militaires de la république et de l'empire, par *Hippolyte Bellangé*. — Un volume grand in-8. — Prix : **25** francs.

Le même ouvrage

Sans les types coloriés. — Prix : **20** francs.

COLLECTION DES TYPES DE TOUS LES CORPS

Et des Uniformes militaires de la république et de l'empire. **50** planches coloriées, comprenant les portraits de Bonaparte premier consul, de Napoléon empereur, du prince Eugène, du roi Murat et du prince J. Poniatowski, d'après les dessins de *M. Hippolyte Bellangé*; avec un texte explicatif. — Un beau volume in-8°. — Prix : **15** francs.

HISTOIRE DE L'EMPEREUR

Racontée dans une grange par un Vieux Soldat et recueillie par *M. de Balzac*; vignettes de *Lorentz*. Un volume in-32. — Prix : **1** franc.

GIL BLAS DE SANTILLANE

Par *Le Sage*; précédé d'une Notice sur l'auteur, par *Charles Nodier*; orné de **600** dessins par *Gigoux*, gravés sur bois. — Un volume grand in-8 jésus. Prix : **15** francs.

LES ÉVANGILES

Traduction de *Le Maistre de Sacy*, publiée sous les auspices de *M. l'abbé Tréraux*, vicaire général du diocèse de Paris; édition illustrée par *Théophile Fragonard*, et ornée d'un Titre gravé imprimé en couleur et en or; d'un Frontispice représentant la Sainte-Face, aussi imprimé en couleur et en or; de quatre autres Frontispices représentant les quatre Évangélistes avec leurs attributs consacrés par la tradition de l'art chrétien; de quatre-vingt-neuf Encadrements à grandes vignettes entourant la première page de chaque chapitre, et représentant un sujet du chapitre; de nombreux Encadrements et ornements courants et Lettres ornées, à la manière des Missels du moyen âge et de la renaissance; de Fleurons et Culs-de-Lampe, etc.; imprimé sur papier collé, de manière à pouvoir colorier et enluminer les dessins. — Un volume in-8. — Prix : **18** francs.

Le même ouvrage

Avec les Frontispices représentant les quatre Évangélistes, les Encadrements des premiers chapitres, la fin des derniers chapitres et les Faux Titres de chaque Évangile soigneusement coloriés, et augmenté de **16** gravures sur acier représentant des vues et sujets de la terre sainte. — **40** livraisons à **50** centimes.

LES AVENTURES DE JEAN-PAUL CHOPPART

Par *Louis Desnoyers*; nouvelle édition, illustrée par *Gérard-Séguin* et *Frédéric Goupil*. — Un volume in-8. Prix : **7** fr. **50** c.

L'ILLUSTRATION

Recueil universel paraissant tous les samedis depuis le 4 mars 1843, orné de gravures sur tous les sujets actuels. Événements politiques, Fêtes et Cérémonies publiques, Portraits des Personnages célèbres, Inventions industrielles, Procès criminels et correctionnels, Vues pittoresques, Cartes géographiques, Compositions musicales, Tableaux de mœurs, Scènes de théâtre, Monuments, Costumes, Décors, Tableaux, Statues, Modes, Caricatures, etc., etc., etc. — **2** volumes in-folio par année. — **32** francs.

La Mission de Jeanne d'Arc

Drame en 5 journées et en vers, par *J.-J. Porchat (de Lausanne).* — Un volume in-18. — Prix : **2** francs.

ŒUVRES COMPLÈTES DE BERNARD PALISSY

Édition conforme aux textes originaux imprimés du vivant de l'auteur, avec des Notes et une Notice historique, par *Paul-Antoine Cap.* — Un volume in-18. — Prix : **3** francs **50** centimes.

UN MILLION DE FAITS

Aide-Mémoire universel des Sciences, des Arts et des Lettres, par MM. *J. Aycard, Desportes, Léon Lalanne, Ludovic Lalanne, Gervais, A. Le Pileur, Ch. Martins, Ch. Vergé et Young.* — Arithmétique, — Algèbre, — Géométrie élémentaire, analytique et descriptive, — Calcul infinitésimal, — Calcul des probabilités, — Mécanique, — Astronomie, — Tables numériques et moyens divers pour abréger les Calculs, — Physique générale, — Météorologie et Physique du Globe, — Chimie, — Minéralogie et Géologie, — Botanique, — Anatomie et Physiologie de l'homme, — Hygiène, — Zoologie, — Arithmétique sociale, — Technologie (arts et métiers), — Agriculture, — Commerce, — Législation, — Art militaire, — Statistique, — Sciences philosophiques, — Philologie, — Paléographie, — Littérature, — Beaux-Arts, — Histoire, — Géographie, — Ethnologie, — Chronologie, — Biographie, — Mythologie, — Éducation. — Un fort vol. portatif in-12, de **1,700** colonnes, orné de gravures sur bois. — L'ouvrage complet, **12** francs ; richement cartonné à l'anglaise, **13** francs **50** centimes.

ENSEIGNEMENT ÉLÉMENTAIRE UNIVERSEL

Ou Encyclopédie de la Jeunesse ; ouvrage également utile aux jeunes gens, aux mères de famille, à toutes les personnes qui s'occupent d'éducation et aux gens du monde ; par MM. *Andrieux de Brioude*, docteur en médecine, et *Louis Baude*, ancien professeur au Collége Stanislas. — Matières traitées dans ce volume : Grammaire, — Langue française, — Littérature, — Rhétorique, — Poésie, — Éloquence, — Philologie, — Arithmétique, — Algèbre, Géométrie, Mécanique, — Physique, — Chimie, — Récréations scientifiques, — Astronomie, — Météorologie, — Histoire naturelle en général, — Géologie, — Minéralogie, — Botanique, — Zoologie, — Anatomie, — Physiologie, — Hygiène privée, — Hygiène publique, — Médecine, — Chirurgie, — Géographie, — Histoire, — Chronologie, — Biographie, — Archéologie, — Numismatique, — Blason, — Religion, — Philosophie, — Morale, — Mythologie, — Sciences occultes, — Législation, — Du gouvernement et de ses formes, — Économie politique, — Agriculture et Horticulture, — Art militaire et Navigation, — Imprimerie, — Musique, — Dessin, Peinture, Sculpture, Gravure, Lithographie, — Architecture, — Éducation, — Réflexions sur le choix d'un état. — Un seul volume, format du MILLION DE FAITS, imprimé en caractères très-lisibles, contenant la matière de **6** volumes ordinaires, enrichi de **400** petites gravures servant d'explication au texte. — Prix : **10** francs ; élégamment cartonné à l'anglaise, **11** francs **50** centimes.

BIOGRAPHIE PORTATIVE UNIVERSELLE

Contenant **30,000** noms, suivi d'une Table chronologique et alphabétique où se trouvent répartis, en **56** classes différentes, les noms mentionnés dans l'ouvrage ; par MM. *L. Lalanne, L. Renier, Th. Bernard, Laumier, Scholer, J. Mongin, E. Janin, A. Detoye, C. Friess.* — Un volume de **2,000** colonnes format du MILLION DE FAITS, contenant la matière de **12** volumes. — Prix, broché : **12** francs ; élégamment cartonné à l'anglaise, **13** francs **50** centimes.

RÊVES ET SOUVENIRS

Poésies morales et philosophiques, par *Marie-Gustave Larnac.* — Un volume in-8. — Prix : **5** francs.

IMPRESSIONS D'UN TOURISTE

En Russie et en Allemagne, par *Pierre Albert.* — Un volume in-8. — Prix : **2** francs **50** centimes.

LA COMÉDIE HUMAINE.
OEUVRES COMPLÈTES DE M. DE BALZAC

Édition de luxe à très-bon marché ; vignettes par MM. *Johannot, Meissonnier, Lorentz, Gérard - Séguin, Perlet et Gavarni.*

LES SCÈNES DE LA VIE PRIVÉE CONTIENNENT :

Tome premier. — La Maison du Chat-qui-pelote. — Le Bal de Sceaux. — La Bourse. — La Vendetta. — Madame Firmiani. — Une double Famille. — La Paix du Ménage. — La Fausse Maîtresse. — Étude de Femme. — Alber Savarus. — *Tome deuxième.* — Mémoires de deux jeunes Mariées. — Une Fille d'Ève. — La Femme abandonnée. — La Grenadière. — Le Message. — Gobseck. — Autre Étude de Femme. — *Tome troisième.* — La Femme de Trente Ans. — Le Contrat de Mariage.

LES SCÈNES DE LA VIE DE PROVINCE CONTIENNENT :

Tome premier. — Ursule Mirouet. — Eugénie Grandet. — Les Célibataires (première histoire) Pierrette. *Tome deuxième.* — Les Célibataires. (Deuxième histoire.) — Le Curé de Tours. (Troisième histoire.) — Un Ménage de Garçon. — Les Parisiens en Province. (Première histoire.) L'Illustre Gaudissart. — (Deuxième histoire.) La Muse du Département. — *Le troisième volume* des Scènes de la Province contiendra : La Vieille Fille. — Le Cabinet des Antiques, etc. — *Tome quatrième.* — Illusions perdues. (Première partie.) Les deux Poètes. — (Deuxième partie.) Un grand Homme de Province à Paris. — (Troisième partie.) Ève et David.
En cours de livraisons : Scènes de la Vie Parisienne, *premier volume.* — Ce volume contient : Histoire des Treize. (Premier épisode.) Ferragus. — (Deuxième épisode.) La duchesse de Langeais. — (Troisième épisode.) La Fille aux Yeux d'Or. — Le Père Goriot.

CHAQUE VOLUME SE VEND AU PRIX DE **5** FRANCS.

TRAITÉ PRATIQUE DE PHOTOGRAPHIE

Exposé complet des procédés relatifs au Daguerréotype, comprenant la Préparation à l'usage de toutes les substances accélératrices, l'emploi du verre continuateur, les règles à observer pour la bonne exécution du portrait photogénique, la reproduction des épreuves par l'électroplastie, les recettes pour graver sur figure, la gravure chimique, le coloriage, etc., etc. ; suivi de l'explication approfondie de la nouvelle méthode de l'auteur pour travailler au bain d'argent ; par *Tony Gaudin*, calculateur du bureau des longitudes. — Un volume in-8. — Prix : **5** francs.

ABAQUE

Ou Compteur universel, donnant à vue, à moins d'un **200**^e près, les résultats de tous les calculs d'arithmétique, de mécanique pratique, etc., par *Léon Lalanne*, ancien élève de l'école polytechnique, Ingénieur des ponts et chaussées.

(Cet Abaque a été approuvé par l'Académie des Sciences, le 11 sept. 1843.)

PRIX DU MODÈLE N° **1**, **60** CENT. SUR PAPIER ; **80** CENT. SUR TOILE.

Ce COMPTEUR UNIVERSEL, d'un nouveau genre, est destiné à remplacer la RÈGLE A CALCUL, si appréciée en Angleterre et qui commence à se répandre en France. Il donne avec autant de promptitude que de facilité tous les résultats que l'on obtient à l'aide de la règle ; et, de plus, il est propre à une foule d'autres usages auxquels la règle ne peut être commodément appliquée.

COLLECTION DES AUTEURS LATINS

Avec la traduction en français, publiée sous la direction de *M. Nisard*, maître des conférences à l'école Normale.

POÈTES. — Plaute, Térence, Sénèque le tragique, 1 vol. — Lucrèce, Virgile, Valérius Flaccus, 1 vol. Ovide, 1 vol. — Horace, Juvénal, Perse, Sulpicia, Phèdre, Catulle, Tibulle, Properce, Gallus, Maximus, Publius Syrus, 1 vol. — Stace, Martial, Lucilius Junior, Rutilius Numantianus, Gratius Faliscus, Nemesianus et Calpurnius, 1 vol. — Lucain, Silius Italicus, Claudien, 1 vol.

PROSATEURS. — Cicéron, 1 vol.—Tacite, 1 v.—Tite-Live, 2 v. — Sénèque le Philosophe, 1 v. — Cornelius Nepos, Quinte-Curce, Justin, 1 v.—V. Maxime et Obsequens, 1 v.— Quintilien, Pline le Jeune, 1 v.— Pétrone, Apulée, Aulu-Gelle, 1 v.— Caton, Varron (DE RE RUSTICA), Columelle, Palladius, 1 v.— Pline l'Ancien, 2 v. — Suétone, Historia Augusta, Eutrope, 1 v.— Ammien Marcelin, Jornandès, 1 v. — Macrobe, Varron (De lingua latina) et Pomponius Mela, 1 v.—Celse Vitruve, 1 v. Salluste, J. César, V. Paterculus, Florus, 1 v. Choix de Prosateurs de la latinité chrétienne, 1 v.

27 volumes grand in-8, de **45** à **55** feuilles, contenant la matière de **200** volumes des autres éditions, — Le prix de chaque volume varie de **12** à **15** francs selon le nombre de feuilles. — Pour les personnes qui souscriront d'avance à la collection complète, le prix de l'abonnement est de **324** francs, ou **12** francs le volume.

Sous presse :

PATRIA

La France ancienne, moderne, morale et maternelle, ou Collection encyclopédique de tous les faits relatifs à l'histoire intellectuelle et physique de la France et de ses colonies. — Un très-fort volume petit in-8° de **2,000** colonnes, orné de **400** figures sur bois et de cartes coloriées, avec une table des matières et un index alphabétique.

PARIS. — Imprimerie SCHNEIDER et LANGRAND, rue d'Erfurth, 1.

www.ingramcontent.com/pod-product-compliance
Lightning Source LLC
Chambersburg PA
CBHW052038230426
43671CB00011B/1697